T/CAGHP 027—2018

目　次

前言	Ⅲ
1 范围	1
2 规范性引用文件	1
3 术语和符号	1
3.1 术语	1
3.2 符号	3
4 基本规定	5
4.1 一般规定	5
4.2 坡面防护形式及安全等级	5
4.3 坡面防护设计原则	6
5 稳定性计算及评价	7
5.1 一般规定	7
5.2 稳定性计算	8
5.3 稳定性评价	8
6 削方整形与填坡	9
6.1 一般规定	9
6.2 削方整形	9
6.3 填坡	10
7 格构锚固坡面防护	10
7.1 一般规定	10
7.2 锚杆（索）设计	11
7.3 格构设计	13
8 砌体坡面防护	15
8.1 一般规定	15
8.2 砌石坡面防护	16
8.3 砌块坡面防护	17
9 喷锚坡面防护	17
9.1 一般规定	17
9.2 设计计算	18
9.3 喷锚构造	19
10 柔性防护网坡面防护	20
10.1 一般规定	20
10.2 主动防护网	21
10.3 被动防护网	22
11 挡土墙坡面防护	24

Ⅰ

11.1 一般规定 …… 24
11.2 挡土墙计算 …… 24
11.3 挡土墙构造 …… 26
12 生态坡面防护 …… 27
　12.1 一般规定 …… 27
　12.2 喷播坡面防护 …… 28
　12.3 种植坡面防护 …… 29
13 其他坡面防护 …… 32
　13.1 边坡排水 …… 32
　13.2 加筋土挡土墙 …… 34
　13.3 格宾坡面防护 …… 35
　13.4 轻量土坡面防护 …… 37
14 监测设计 …… 37
15 试验与检验 …… 39
　15.1 试验 …… 39
　15.2 检验 …… 40
附录A（规范性附录） 边坡岩体类型 …… 42
附录B（规范性附录） 边坡稳定性计算 …… 43
附录C（资料性附录） 边坡稳定坡率 …… 46
附录D（规范性附录） 锚杆与格构连接结构图 …… 47
附录E（资料性附录） 格构设计计算——倒梁法 …… 48
附录F（资料性附录） 砌体坡面防护大样图 …… 51
附录G（资料性附录） 喷锚支护大样图 …… 52
附录H（资料性附录） 主、被动防护网设计计算 …… 54
附录I（资料性附录） 植被绿化物种选择 …… 60
附：条文说明 …… 63

前　言

本标准按照 GB/T 1.1—2009《标准化工作导则　第1部分：标准的结构和编写》给出的规则起草。

本标准附录 C、E、F、G、H、I 为资料性附录，A、B、D 为规范性附录。

本标准由中国地质灾害防治工程行业协会提出并归口。

本标准起草单位：湖北省城市地质工程院、中煤科工集团西安研究院有限公司、湖北省地质环境总站、中国建筑材料工业地质勘查中心、中化地质矿山总局化工地质调查总院、武汉市勘察设计有限公司、中南勘察设计院（湖北）有限责任公司、广东肇庆广地爆破工程公司、武汉中南冶勘资源环境工程有限公司、湖北永业行评估咨询有限公司、中国科学院水利部成都山地灾害与环境研究所、湖北地矿建设工程承包集团有限公司。

本标准起草人：陈少平、吴礼生、邓敏、田野、周安保、李彦、刘天林、徐池明、江鸿彬、苏志军、祁宁、何坤、包兴隆、陈永桂、范杰、王迎霜、官善友、徐光耀、马郧、黎学平、陈仲超、阮剑剑、梁强新、廖展宇、李松波、刘宇青、王亮、孔纪名。

本标准由中国地质灾害防治工程行业协会负责解释。

坡面防护工程设计规范(试行)

1 范围

本规范规定了坡面防护工程的术语和符号、基本规定、稳定性计算及评价、削方整形与填坡、格构锚固坡面防护、砌体坡面防护、喷锚坡面防护、柔性防护网坡面防护、挡土墙坡面防护、生态坡面防护、其他坡面防护、监测设计、试验与检验等。

本规范适用于地质灾害坡面防护工程设计,包括城乡建设、道路交通、水利水电、矿山等建设工程活动中的自然斜坡及人工边坡的坡面防护工程设计。适用于坡面及浅表层变形的防护设计,坡面防护工程范围内存在滑坡、崩塌或其他地质灾害时,则应依照相应规范进行设计。

2 规范性引用文件

下列文件对于本规范的应用是必不可少的。凡是注日期的引用文件,仅注日期的版本适用于本规范。凡是不注日期的引用文件,其最新版本(包括所有的修改单)适用于本规范。

GB 50007　建筑地基基础设计规范
GB 50010　混凝土结构设计规范
GB 50011　建筑抗震设计规范
GB 50023　建筑抗震鉴定标准
GB 50086　岩土锚杆与喷射混凝土支护工程技术规范
GB 50330　建筑边坡工程技术规范
JTG D30　公路路基设计规范
JTG E50　公路工程土工合成材料试验规程
JGJ 63　混凝土用水标准
JGJ 130　建筑施工扣件式钢管脚手架安全技术规范
SL 274　碾压式土石坝设计规范
TB/T 3089　铁路沿线斜坡柔性安全防护网

3 术语和符号

3.1 术语

下列术语适用于本规范。

3.1.1

坡面防护工程 slope protection engineering

为了保持人工边坡和天然斜坡坡面稳定、防止坡面变形而采取的防护工程措施。

3.1.2
　　坡面整形 slope reshaping
　　清除坡面表层松散、不稳定的岩土体，保持坡面平顺的工程措施。

3.1.3
　　坡面削方 slope cutting
　　清除边坡不稳定岩土体的工程措施。

3.1.4
　　填坡 slope backfill
　　对坡面局部的凹坑、凹槽回填，或为降低坡比上挖下填采取的工程措施。

3.1.5
　　格构锚固 grid-protecting
　　在坡面采用现浇钢筋混凝土或预制钢筋混凝土构建框格结构，并用锚杆（索）锚固的工程措施。

3.1.6
　　锚杆 anchorage
　　将拉力传至稳定的岩层或土体的锚固体系，通常包括钢筋杆体、注浆体、锚具、套管和可能使用的连接器。

3.1.7
　　锚索 anchor cable
　　当锚固体系采用钢绞线或高强钢丝束作杆体材料时称为锚索。

3.1.8
　　砌石坡面防护 masonry protecting
　　在坡面上铺砌块石或片石以防止坡面冲刷剥蚀的工程措施。

3.1.9
　　砌块坡面防护 precast block protecting
　　在坡面铺砌预制砌块防止坡面冲刷剥蚀的工程措施。

3.1.10
　　喷锚坡面防护 anchor-plate retaining
　　由锚杆、网片、锚杆拉筋及喷射混凝土面层组成的坡面防护结构。

3.1.11
　　主动防护网 active net
　　采用锚杆和支撑绳固定方式将金属柔性网覆盖在具有潜在变形和不稳定的斜坡面上，实现坡面加固或限制落石运动范围的防护结构。

3.1.12
　　被动防护网 passive net
　　采用锚杆、钢柱、支撑绳和拉锚绳等固定方式，将金属柔性网以一定角度安装在斜坡上，形成栅栏形式的拦石网，拦截坡面落石或飞石。

3.1.13
　　挡土墙 retaining wall
　　用来支承天然斜坡或人工边坡岩土体，防止边坡岩土体变形失稳的构筑物。

3.1.14

喷播坡面防护 plants spraying-protecting

将草籽、肥料、黏性土、水泥、黏着剂等按一定比例在混合箱内均匀搅拌，通过专用的设备喷射到坡面上，进行植草绿化的坡面防护。

3.1.15

种植坡面防护 green vegetation-protecting

将乔木、亚乔木和灌木等植物物种栽种在改良的边坡坡面上，种植成活进行绿化的坡面防护。

3.1.16

地表排水 slope surface drainage

在坡面上设置的截水和排水系统，以达到及时排泄坡面水流，防止地表水下渗及冲刷坡面的工程措施。

3.1.17

地下排水 groundwater drainage

在坡体内设置排水孔、盲沟及透水层等，用于排泄坡体地下水的工程措施。

3.1.18

加筋土挡土墙 reinforced earth protecting

由土工格栅、土工织物或土工膜、土工条带以及面板等构成的蜂窝状或网格状三维结构材料，形成加筋土的坡面防护结构。

3.1.19

格宾坡面防护 gabion

通过机械（人工）编织，将热镀锌低碳钢丝组装成蜂巢形网片箱笼，并在箱笼装入块石等填充料的坡面防护。

3.1.20

轻量土 light-weight soil

按照比例配制、重度很轻、具有一定强度且性能稳定的土工材料。

3.1.21

工程监测 monitoring

对坡体地表和地下一定深度范围内的岩土体及其上建（构）筑物的位移、沉降、隆起、倾斜、挠度、裂缝等变化情况进行的周期性或实时测量工作。

3.2 符号

3.2.1 作用和作用效应

e_{ah}——侧向岩土压力水平分力。

E_a——主动岩土压力合力。

E_{ah}——侧向主动岩土压力合力水平分力。

E_{ah}'——侧向岩土压力合力水平分力修正值。

G——四边形滑裂体自重；挡土墙每延米自重；滑体单位宽度自重；期望成活株数。

H_{tk}——锚杆水平拉力标准值。

N_{ak}——锚杆轴向拉力标准值。

q——地表均布荷载标准值。

Q——滑体单位宽度水平荷载；条块或单位宽度地震力；发芽障凝修正系数。

U——滑面单位宽度总水压力。

α_w——边坡综合水平地震系数。

3.2.2 材料性能和抗力性能

c——岩土体的黏聚力；滑移面的黏聚力。

f——滑动面摩擦系数。

f_b——锚杆（索）杆体与锚固砂浆间的黏结强度设计值。

f_{rbk}——岩土层与锚固体极限黏结强度标准值。

f_y——普通钢筋抗拉强度设计值。

f_{py}——预应力钢绞线抗拉强度设计值。

γ_w——水的重度。

μ——挡土墙底与地基岩土体的摩擦系数。

φ——岩土体内摩擦角。

3.2.3 几何参数

A——锚杆杆体截面面积；滑动面面积；每平方米植物株数。

A_s——锚杆钢筋或预应力钢绞线截面面积。

b——挡土墙基底的水平投影宽度。

d——锚杆钢筋直径。

D——锚杆（索）锚固段钻孔直径。

H——边坡高度；挡土墙高度。

l——滑面长度。

l_a——锚杆锚固体与地层间的锚固段长度或锚筋与砂浆间的锚固长度。

s_x、s_y——锚杆的水平、垂直间距。

x_0——挡土墙重心至墙趾的水平距离。

z——岩土压力作用点至墙踵的高度。

α——锚杆倾角；支挡结构墙背与水平面的夹角。

α_0——挡土墙底面倾角。

δ——墙背与岩土的摩擦角。

θ——边坡的破裂角；岩土体滑动面与水平面的夹角；滑面倾角。

3.2.4 计算系数

F_s——边坡稳定系数；挡土墙抗滑移稳定系数。

F_t——挡土墙抗倾覆稳定系数。

F_{st}——边坡稳定安全系数。

K——锚杆锚固体抗拔安全系数；锚杆超张拉锁定值与设计值的比例系数。

K_b——锚杆杆体抗拉安全系数。

β_2——喷锚锚固侧向岩土压力修正系数。

ψ——剩余下滑力传递系数。

4 基本规定

4.1 一般规定

4.1.1 坡面防护工程设计应做到技术先进、安全适用、经济合理和保护环境,并兼顾美化环境,与城镇规划、地质环境保护、土地利用等相结合。

4.1.2 坡面防护工程设计除应符合本规范外,尚应符合国家现行有关标准的规定。本规范未列入的坡面防护工程形式可参照其他现行相关规范进行设计。

4.1.3 湿陷性黄土、冻土、膨胀土和其他特殊性岩土,以及侵蚀性环境的坡面防护工程应按相应规范进行设计。

4.1.4 坡面防护工程设计应综合考虑工程地质、水文地质、气象水文、地理及人文环境、边坡高度、邻近或边坡上建(构)筑物、施工条件和工期等因素,因地制宜,合理设计。

4.1.5 岩质边坡高度大于30 m,土质边坡高度大于15 m的高边坡,以及地质环境条件复杂的坡面防护工程设计,除应符合本规范的规定外,尚应采取有效、可靠的加强措施。

4.1.6 使用年限在2年以内的坡面防护工程,可按临时性工程设计;使用年限大于2年的坡面防护工程,应按永久性工程设计。坡面防护工程设计使用年限不应低于被保护对象的使用年限。

4.1.7 坡面防护工程勘查应查明坡体的地质环境条件、岩土体特征、岩土体物理力学性质、结构类型、变形特征及影响因素、坡体稳定性及失稳的危害性等。

4.1.8 坡面防护工程勘查应根据坡体的岩土体特征,进行相应的物理力学试验,提供坡体各岩土层的天然重度、饱和重度及抗剪强度参数,各软弱结构面的发育情况及抗剪强度参数,并结合当地的经验参数,进行反演和工程地质类比分析,提出合理的设计参数。

4.1.9 设计时应取得下列资料:
  a) 边坡地质勘查资料,包括坡体岩土体结构特征及物理力学性质、坡体工程地质及水文地质特征、坡体变形情况及稳定性;
  b) 坡体平面图、剖面图、立面图、相邻建构筑物的结构及基础图等;
  c) 边坡环境资料,包括边坡影响范围内的建构筑物、道路及管网等;
  d) 施工技术、设备性能、施工经验和施工条件等。

4.1.10 坡面防护工程宜采用轻质结构,不宜在坡面增加较大荷载,坡顶附近不得加载。

4.1.11 应根据地形地质条件及坡面防护需要确定坡面防护范围和边界,应与周边未治理区相衔接,侧边应设封边梁,坡脚设护脚结构,坡顶设压顶梁及截水沟。

4.1.12 坡面防护工程设计应提交详细的设计计算说明书,说明书应包括设计计算方法、引用的规范标准、设计所采用的计算公式、计算剖面、计算工况、计算参数、计算步骤和计算结果等。

4.1.13 坡面防护工程设计应根据水文地质、气象条件进行截水和排水工程设计。

4.1.14 高陡边坡坡面防护工程的施工脚手架应进行专项设计,并按规定要求进行专家评审。设计时应考虑设备自重及施工动荷载,进行脚手架荷载验算,根据验算结果设置合理的杆件间距及布设加强件,并应符合JGJ130的要求。

4.1.15 设计单位应及时掌握施工过程中地质条件的变化,根据施工过程中地质情况变化进行相应的设计变更。

4.2 坡面防护形式及安全等级

4.2.1 坡面防护结构形式应考虑边坡地质环境条件、岩土体物理力学性质、坡体结构特征及结构面发育情况、边坡高度、边坡侧压力的大小和特点、边坡变形控制要求以及边坡工程安全等级等因素。边坡坡面的破坏特征及坡面防护形式见表1。

表 1 边坡坡面的破坏特征及坡面防护形式

边坡类型	坡面破坏特征	坡面防护形式
土质边坡	浅层滑移	格构、挡土墙、削方
	坡面流水冲蚀	砌体、格构、生态防护、排水
	渗透变形	地表排水、地下排水、防渗反滤
	岸坡冲蚀	格构、砌体、格宾
岩质边坡	浅层滑移或崩塌	预应力锚杆(索)、格构、肋梁、挡土墙
	岩体风化剥落	喷锚网、生态防护、砌体、格构
	局部掉块或滚石	柔性防护网、格构、削方
	冲蚀	砌体、柔性防护网、喷锚网、排水
	岩块崩落	柔性防护网、喷锚网、肋梁、格构、削方

4.2.2 坡面防护工程结构选型应考虑各种作用因素,可采用单一坡面防护形式,也可采用不同坡面防护结构组合形式。

4.2.3 根据其破坏后可能造成的人类生命财产损失的程度,将坡面防护工程安全等级划分为3级,见表2。

表 2 坡面防护工程安全等级

安全等级	破坏后果
一级	很严重:坡面防护结构失效、坡体变形,造成重大人员伤亡或财产损失
二级	严重:坡面防护结构失效、坡体变形,可能造成人员伤亡或财产损失
三级	不严重:坡面防护结构失效、坡体变形,可能造成财产损失
注:对地质环境条件复杂的坡面防护工程,其安全等级应根据工程情况适当提高。	

4.2.4 下列坡面防护工程的设计应进行专门论证:
    a) 岩质边坡高度大于30 m,土质边坡高度大于15 m;
    b) 由外倾软弱结构面控制;
    c) 边坡临近重要建(构)筑物、破坏后果很严重;
    d) 采用新结构和新技术的一、二级坡面防护工程。

4.3 坡面防护设计原则

4.3.1 坡面防护工程设计应通过技术经济方案比较,选择合理的治理方案和工程措施。在确保安全的前提下,采用最优方案,减少投资,缩短工期。

4.3.2 应先勘查后设计,依据勘查确定的坡面防护范围、坡体基本特征、地质环境条件、坡体变形情况、危害对象等因素确定坡面防护工程的范围。

4.3.3 坡面防护工程设计应包括坡面防护结构的选型、平面及立面布置、力学计算、结构构造等,并对施工、监测及质量验收标准提出要求。

4.3.4 坡面防护工程结构承载能力及正常使用极限状态应满足：
  a) 坡面防护结构最大承载力，或不适于继续承载的变形或局部变形应满足承载能力极限状态的设计要求；
  b) 坡面防护结构和边坡或邻近建（构）筑物的变形或耐久性应满足正常使用极限状态的设计要求。

4.3.5 地震区坡面防护工程应按下列原则考虑地震作用的影响：
  a) 坡面防护工程抗震设防烈度为中国地震动参数区划图确定的本地区地震基本烈度，且不低于受保护建（构）筑物的抗震设防烈度。
  b) 抗震设防的坡面防护工程，其地震作用计算应按国家现行有关标准执行；抗震设防烈度为Ⅵ度的地区，坡面防护工程结构可不进行地震作用计算，但应采取抗震构造措施；抗震设防烈度大于Ⅵ度的地区，坡面防护工程结构应进行地震作用计算，临时性边坡不作抗震计算。
  c) 坡面防护结构和锚杆外锚头等，应按抗震设防烈度要求采取相应的抗震构造措施。
  d) 抗震设防区的坡面防护结构或构件承载能力应按地震工况进行验算。

4.3.6 坡面防护结构设计时应进行下列计算和验算：
  a) 坡面防护结构及其基础的抗压、抗弯、抗剪、局部抗压承载力的计算，坡面防护结构基础的地基承载力计算；
  b) 锚杆锚固体的抗拔力和挡土墙基础的地基承载力验算；
  c) 坡面防护结构整体或局部稳定性验算；
  d) 对变形有较高要求的坡面防护工程应结合当地经验进行变形验算。

4.3.7 应采取动态设计，施工过程中应结合预测预报、施工地质和监测数据反馈的资料，补充和修改坡面防护设计。

5 稳定性计算及评价

5.1 一般规定

5.1.1 边坡稳定性评价应在查明工程地质、水文地质条件的基础上，根据岩土工程条件，采用定性分析和定量计算相结合的方法进行。

5.1.2 边坡稳定性评价应根据坡体类型和岩土特征选用相应的方法。

5.1.3 岩质边坡应根据岩体强度、边坡结构类型、岩层产状及结构面发育情况等，确定边坡岩体破裂角，对岩体边坡的稳定性进行分析计算。

5.1.4 存在软弱结构面的边坡，应对软弱结构面进行稳定性分析计算。

5.1.5 稳定性计算应根据不同的工况选择相应的抗剪强度指标。土质边坡按水土合算计算时，地下水位以下宜采用土的饱和固结不排水抗剪强度指标；按水土分算计算时，地下水位以下宜采用土的有效抗剪强度指标。

5.1.6 当无试验资料和缺少当地经验时，天然状态或饱和状态岩体内摩擦角可根据天然状态或饱和状态岩块的内摩擦角结合边坡岩体完整程度进行折减。

5.1.7 稳定性计算应考虑如下荷载：
  a) 坡体自重；
  b) 坡体上建（构）筑物附加荷载；
  c) 地下水压力，包括静水压力、渗透压力等；

d) 动荷载,如汽车荷载等;
e) 库(江)水体作用;
f) 地震荷载。

5.1.8 坡面防护工程设计的荷载组合应采用如下工况进行设计和校核:
a) 天然工况:为设计工况,应考虑坡体自重、附加荷载、天然状态地下水压力、动荷载等;
b) 暴雨工况:为校核工况,应考虑坡体自重、附加荷载、暴雨状态地下水压力、动荷载等;
c) 地震工况:为校核工况,应考虑坡体自重、附加荷载、动荷载、地震荷载等。

5.1.9 稳定性计算时对基本烈度为Ⅶ度及Ⅷ度以上地区的边坡应进行地震工况稳定性校核。

5.2 稳定性计算

5.2.1 边坡稳定性计算时,应根据岩土工程地质条件,对边坡的变形失稳方式及范围等做出判断,并应同时考虑受岩土体强度和受结构面控制的失稳。

5.2.2 稳定性计算宜采用刚体极限平衡法。对结构面发育的岩质边坡,可结合采用极射赤平投影法和实体比例投影法;当边坡变形机理复杂时,可采用数值极限分析法或数值模拟法。

5.2.3 计算沿结构面变形的稳定性时,应根据结构面形态采用平面或折线形滑面。计算土质边坡、极软岩边坡、破碎或极破碎岩质边坡的稳定性时,可采用圆弧形滑面。

5.2.4 采用刚体极限平衡法计算边坡稳定性时,可根据滑面形态按本规范附录B选择稳定性计算方法。

5.2.5 地震作用可简化为作用于坡体、条块或单元重心处,指向坡外(滑动方向)的水平静力,其值应按下列公式计算:

$$Q_e = \alpha_w G$$
$$Q_{ei} = \alpha_w G_i \quad \cdots\cdots\cdots\cdots\cdots\cdots\cdots\cdots\cdots\cdots (1)$$

式中:
Q_e、Q_{ei}——坡体、第i计算条块或单元单位宽度地震力(kN/m);
G、G_i——坡体、第i计算条块或单元单位宽度自重,含坡面建(构)筑物荷载(kN/m);
α_w——边坡综合水平地震系数,由所在地区地震基本烈度按表3确定。

表3 水平地震系数

地震基本烈度	Ⅶ度		Ⅷ度		Ⅸ度
	第一组	第二组	第一组	第二组	
地震峰值加速度	0.10g	0.15g	0.20g	0.30g	0.40g
综合水平地震系数	0.025	0.038	0.050	0.075	0.100

注:g为重力加速度。

5.3 稳定性评价

5.3.1 除校核工况外,边坡稳定性状态分为稳定、基本稳定、欠稳定和不稳定4种状态,可根据边坡稳定系数按表4确定。

表 4 边坡稳定状态评价

边坡稳定系数 F_s	$F_s<1.0$	$1.00 \leqslant F_s<1.05$	$1.05 \leqslant F_s<F_{st}$	$F_s \geqslant F_{st}$
边坡稳定状态	不稳定	欠稳定	基本稳定	稳定

注：F_{st} 为边坡稳定安全系数。

5.3.2 边坡稳定安全系数 F_{st} 应按表 5 确定，当边坡的稳定系数小于边坡稳定安全系数时应对边坡实施坡面防护工程。

表 5 边坡稳定安全系数 F_{st}

坡面防护工程安全等级	设计工况	校核工况	
	天然工况	暴雨工况	地震工况
一级	1.30	1.15	1.15
二级	1.25	1.10	1.10
三级	1.20	1.05	1.05

注1：地震工况时，稳定安全系数仅适用于破坏区内无重要建（构）筑物的边坡。
注2：对地质条件很复杂或破坏后果很严重的坡面防护工程，其稳定安全系数适当提高。
注3：临时性边坡一、二、三级对应的设计工况安全系数分别取 1.2,1.15,1.1。

6 削方整形与填坡

6.1 一般规定

6.1.1 当坡面防护范围有放坡条件且无不良地质作用，并不破坏周边生态环境时，宜优先采用削方整形。

6.1.2 采用格构、砌体、喷锚、生态防护等坡面防护工程前，应首先进行坡面整形。

6.1.3 有下列情况的边坡坡面不应单独采用削方整形，应与其他坡面防护措施结合使用：
   a) 削方整形对相邻建（构）筑物有不利影响；
   b) 地下水较丰富；
   c) 采用削方整形不能有效改善边坡稳定性；
   d) 地质条件复杂的一级边坡；
   e) 坡体有软弱结构面或软弱夹层。

6.1.4 采用削方整形后应及时进行坡面防护、坡面绿化和排水工程。坡体回填时可与加筋材料联合应用。

6.1.5 削方区上部坡体较陡时应分析计算削方对坡体稳定性的影响，不得因削方造成上部坡体变形失稳。

6.1.6 边坡较高时应进行分级放坡，设置马道，土质边坡每级高度不宜大于 8 m，岩质边坡每级高度不宜大于 15 m。分级放坡时应验算边坡整体稳定性和分级稳定性。

6.2 削方整形

6.2.1 削方整形坡面形态应根据坡体结构类型、削方高度、削方方式和削方目的等确定。削方坡面形态可采用单坡式或多级阶梯式。

6.2.2 土质边坡削方坡率允许值根据稳定性计算确定，也可根据工程经验，按工程类比并结合已有稳定边坡的坡率值分析确定。当无经验且土质均匀良好、地下水贫乏、无不良地质作用和地质环境条件简单时，边坡坡率允许值可按附录C确定。

6.2.3 岩质边坡削方坡率允许值根据稳定性计算确定，也可根据工程经验，按工程类比并结合已有稳定边坡的坡率值分析确定。对无外倾软弱结构面的边坡，削方坡率可按附录C确定。

6.2.4 填土边坡的稳定坡率受填土的高度和厚度、填土颗粒级配及压实度等控制，应根据边坡稳定性计算结果并结合地区经验确定。

6.2.5 下列坡体的削方坡率允许值应通过稳定性分析计算确定：
  a) 有外倾软弱结构面的岩质边坡；
  b) 土质较软的边坡；
  c) 坡顶边缘附近有较大附加荷载；
  d) 土质边坡坡高超过10 m、岩质边坡坡高超过25 m。

6.2.6 分级削方时，每级高度及坡比应根据坡体岩土性质及稳定性确定，宜采取同坡比的直线坡；坡高较大采用不同坡比时，宜采取上缓下陡的坡比。

6.2.7 削方分级处应设置马道，马道宽度宜为1.5 m～3.0 m。在削方边坡坡脚及马道内侧宜设置护脚墙及排水沟。

6.2.8 削方区坡顶及侧边界应与稳定的坡体相衔接，不得形成陡坎，边侧坡体应保持稳定。

6.2.9 削方弃土不得随意就近堆放，应堆放在专门弃渣堆放地。弃渣堆放地应不占用耕地和堵塞河道，不影响当地地表水排泄；削方弃土优先考虑再利用，用于回填反压及填筑建设土地用地，弃土边坡必须保持稳定。

6.2.10 削方影响范围内存在建（构）筑物时，应设置拦挡安全防护，如消能平台、落石槽、拦石堤或被动防护网等。

6.2.11 岩质边坡削方需要采用爆破作业时，施工单位应进行专项爆破设计，并制订专项施工方案、安全方案及应急预案。

6.3 填坡

6.3.1 填坡应按先低处后高处顺序进行，分层压实厚度宜为30 cm，压实度不应小于92%。

6.3.2 坡面回填时，填坡土料宜采用碎石土，碎石含量30%～80%，块径不宜超过30 cm，碎石土最优含水量应通过现场击实试验取得，含水量与最优含水量偏差控制在2%之内。

6.3.3 填坡的坡面及坡体应有较好的排水功能，填坡体应能顺利排水，否则应设置人工排水层。

6.3.4 填坡土料渗透性差时宜分层设置排水层，排水层为级配碎石，外倾5°，厚度30 cm～50 cm，排水层垂直间距5 m～8 m。

6.3.5 填坡区坡比较陡、坡高较大时，宜采用加筋土形式。

6.3.6 当填坡区为单斜坡面且坡比大于1∶5时，应将坡面松软土清除，将基底开挖成台阶。坡面若有地下水渗出，应设置盲沟将地下水引出填坡区外。

6.3.7 坡面应平整密实，回填土压实度应进行检测并满足要求。

7 格构锚固坡面防护

7.1 一般规定

7.1.1 格构锚固适用于防止坡面及浅表变形，保持坡面岩土层稳定，防止坡面冲刷剥蚀。

7.1.2 格构锚固由锚杆、格构梁等组成,格构为钢筋混凝土梁,锚杆设置在格构梁节点处。

7.1.3 格构锚固前应对坡面削方整形,坡面应大致平顺,不应有凹坑、凹槽。

7.1.4 格构锚固区应与周边的稳定坡体相衔接,并保证坡面的排水畅通。

7.1.5 格构锚杆有受力锚杆和构造锚杆两种类型,构造锚杆用于固定格构,不承受坡体下滑作用力。

7.1.6 采用格构锚固进行坡面防护时,锚杆应穿过潜在滑动面进入稳定的岩土体一定深度,并与岩体结构面成一定的交角。

7.1.7 格构梁与锚杆应锚固可靠,锚杆杆体应弯折在格构梁中,或与格构梁主筋焊接。

7.1.8 锚杆的锚固段不应设置在未经处理的下列岩土层中:
  a) 有机质土;
  b) 液限 $W_L>50\%$ 的土;
  c) 松散的砂土或碎石土;
  d) 膨胀性岩土。

7.1.9 下列情况下应进行锚杆抗拉基本试验:
  a) 采用新工艺、新材料或新技术的锚杆;
  b) 无锚固工程经验的岩土层锚杆;
  c) 一级坡面防护工程的锚杆。

7.1.10 高陡边坡宜采用肋柱梁锚固,肋柱之间可采用喷锚支护,也可设置钢筋混凝土板。

7.1.11 格构前缘可设置支墩,支墩宜采用混凝土或浆砌石,也可支撑在挡土墙等坡面防护结构上,格构与支墩或挡土墙应相接。

7.1.12 格构锚固治理区的顶、底及侧边应设封边梁,封边梁与格构梁采用相同结构。

7.1.13 采用预制格构梁时,宜采用预应力钢筋混凝土梁,制作成型后现场安装并施加锚拉预应力锁定。

7.2 锚杆(索)设计

7.2.1 根据边坡岩土体作用力在格构节点设置锚杆。锚杆应采用 $\phi25\sim\phi40$ 的 HRB400 级及以上钢筋,并与格构梁钢筋绑扎连接、锚锭板焊接。

7.2.2 岩质边坡稳定性分析计算及锚杆抗拔力计算应考虑边坡卸荷裂隙、软弱外倾结构面、强风化破碎带等软弱控制面。

7.2.3 岩质边坡按破裂角设计锚杆时,锚杆的锚固段应穿过破裂角进入稳定坡体中,锚杆的抗拔力应计算沿破裂角产生的下滑力。

7.2.4 锚杆锚固力根据刚体极限平衡法,按附录 B 选取相应公式计算锚杆承受水平拉力值。

7.2.5 锚杆轴向拉力标准值应按下式计算:

$$N_{ak}=\frac{H_{tk}}{\cos\alpha} \quad\quad\quad\quad\quad\quad\quad\quad\quad\quad (2)$$

式中:
N_{ak}——锚杆所受轴向拉力标准值(kN);
H_{tk}——锚杆水平拉力标准值(kN);
α——锚杆倾角(°),宜为 $10°\sim35°$。

7.2.6 锚杆(索)钢筋截面面积应满足下式的要求:

普通钢筋锚杆：$A_s \geqslant \dfrac{K_b N_{ak}}{f_y}$ ……………………………………（3）

预应力锚索：$A_s \geqslant \dfrac{K_b N_{ak}}{f_{py}}$ ……………………………………（4）

式中：
A_s——锚杆钢筋或预应力锚索截面面积(m^2)；
K_b——锚杆杆体抗拉安全系数，对永久性锚杆，一级边坡取 2.2，二级边坡取 2.0，三级边坡取 1.8；
f_y，f_{py}——普通钢筋或预应力钢绞线抗拉强度设计值(kPa)。

7.2.7 锚杆(索)锚固体与岩土层的锚固长度应满足下式要求：

$$l_a \geqslant \frac{KN_{ak}}{\pi \cdot D \cdot f_{rbk}}$$ ……………………………………（5）

式中：
l_a——锚杆锚固段长度(m)，尚应满足本规范第7.2.11条规定；
K——锚杆锚固体抗拔安全系数，对永久性锚杆，一级边坡取2.6，二级边坡取2.4，三级边坡取2.2；
D——锚杆锚固段钻孔直径(m)；
f_{rbk}——岩土层与锚固体极限黏结强度标准值(kPa)。

7.2.8 锚杆(索)杆体与锚固砂浆间的锚固长度应满足下式要求：

$$l_a \geqslant \frac{KN_{ak}}{n\pi d f_b}$$ ……………………………………（6）

式中：
l_a——锚筋与砂浆间的锚固长度(m)；
d——锚杆钢筋直径(m)；
n——钢筋根数(根)；
f_b——钢筋与锚固砂浆间的黏结强度设计值(kPa)。

7.2.9 锚杆抗震验算时，其安全系数应按0.8折减。

7.2.10 锚杆在坡面防护剖面可等长布置，也可根据坡体作用力特点采取长短锚相间布置，相邻锚杆长度差不宜超过1倍。

7.2.11 锚杆总长度应为锚固段、自由段和外锚头的长度之和，并应满足下列要求：
a) 锚杆自由段长度按外锚头到潜在滑裂面的长度计算，预应力锚杆自由段长度应不小于5.0 m，且应超过潜在滑移面1.5 m。
b) 锚杆锚固段长度应按式(5)、式(6)进行计算，并取其中大值。同时，土层锚杆的锚固段长度不应小于4.0 m，且不宜大于10.0 m；岩石锚杆的锚固段长度不应小于3.0 m，且不宜大于45D和6.5 m，预应力锚索不宜大于55D和8.0 m。
c) 当计算锚固段长度超过构造要求长度时，应采取改善锚固段岩土体质量、压力灌浆、扩大锚固段直径等技术措施，提高锚杆承载能力。

7.2.12 杆体应采用HRB400及以上钢筋，宜采用单根粗钢筋，若采用多根钢筋成束时，钢筋数不应超过3根。

7.2.13 锚杆杆体连接宜采用直螺纹机械连接，也可焊接，焊接长度不应小于10d。锚杆端头应与格构梁钢筋焊接或搭接，如与格构主筋及箍筋相干扰，可局部调整主筋及箍筋间距。

7.2.14 锚杆对中支架应沿锚杆轴线方向每隔 1 m～3 m 设置一个，对土层应取小值，对岩层可取大值。

7.2.15 锚杆应置于锚孔中心，杆体保护层厚度不应小于 25 mm。

7.2.16 灌浆材料性能应符合下列规定：
  a) 水泥宜使用普通硅酸盐水泥，必要时可采用抗硫酸盐水泥，其强度等级不应低于 P42.5；
  b) 砂的含泥量按质量计不得大于 3%，砂中云母、有机物、硫化物和硫酸盐等有害物质的含量按质量计不得大于 1%；
  c) 水中不应含有影响水泥正常凝结和硬化的有害物质，不得使用污水，水质应符合 JGJ 63 要求；
  d) 外加剂的品种和掺量应由试验确定；
  e) 浆体配制水灰比宜为 0.38～0.50；
  f) 浆体材料 28 d 的无侧限抗压强度，用于全黏结型锚杆时不宜低于 25 MPa，用于锚索时不应低于 30 MPa。

7.2.17 松散土层及节理裂隙发育的岩层可进行二次压浆，二次压浆应在首次注浆 24 h 之内进行。二次压浆的位置应处在锚固段，水灰比 0.5～0.6。

7.2.18 锚杆的锚固体嵌入格构梁内宜为 50 mm，锚杆杆体上弯至格构上层钢筋处，锚杆上弯长度不小于 20 d，锚杆、格构大样参见附录 D。

7.2.19 锚杆的设计抗拔力大于 200 kN 时，受力锚杆不宜采用弯钩构造，应采用锚锭板焊接。

7.2.20 锚杆的防腐蚀处理应符合下列规定：
  a) 锚杆的自由段位于土层中时，可采用除锈、刷沥青船底漆和沥青玻纤布缠裹二层进行防腐蚀处理。
  b) 采用钢绞线、精轧螺纹钢制作的预应力锚杆(索)，其自由段可按本条第 a)款进行防腐处理后装入套管中；自由段套管两端 10 cm～20 cm 长度范围内用黄油充填，外绕扎工程胶布固定。
  c) 对位于无腐蚀性岩土层内的锚固段，水泥浆或水泥砂浆保护层厚度不应小于 25 mm；对位于腐蚀性岩土层内的锚固段，应采取双层防护锚杆(索)或纤维锚杆，且水泥浆或水泥砂浆保护层厚度不应小于 50 mm。
  d) 经过防腐蚀处理后，锚杆的锚固体应嵌固在格构梁内 50 mm。

7.2.21 水下格构锚固锚杆或锚索防腐蚀要求：锚固段应置于中风化、微风化的岩层中；水土腐蚀性弱—中等的部位锚头、非锚固段锚杆的保护层厚度不应小于 50 mm；水土腐蚀性强的部位锚头、非锚固段锚杆的保护层厚度不宜小于 80 mm；锚杆的对中支架应为塑料结构。

7.2.22 预应力锚杆张拉及锁定应符合下列规定：
  a) 当锚固体单轴抗压强度超过 20 MPa 并达到设计强度的 80% 时可进行张拉及锁定。
  b) 锚杆张拉控制应力不宜超过 0.65 倍的钢筋或钢绞线的强度标准值。
  c) 宜进行锚杆设计预应力值 1.05 倍～1.10 倍的超张拉，预应力保留值应满足设计要求；对地层及被锚固结构的位移控制要求较高的工程，预应力锚杆的锁定值宜为锚杆轴向拉力设计值；对容许地层及被锚固结构产生一定变形的工程，预应力锚杆的锁定值宜为锚杆设计预应力值的 0.75～0.90 倍。

7.3 格构设计

7.3.1 格构梁为钢筋混凝土结构，呈十字交叉型式，格构梁设计应符合 GB 50010 的规定。

7.3.2 钢筋混凝土格构型式可分为(图1)：
a) 方型：沿边坡倾向和边坡走向设置的方格状钢筋混凝土梁,格构间距不大于5.0 m。
b) 菱型：沿边坡斜向设置的钢筋混凝土梁,格构间距不大于5.0 m。
c) 弧型：沿边坡倾向设置钢筋混凝土梁,梁之间设置弧型钢筋混凝土梁,格构水平间距不大于4.5 m。
d) 人字型：沿边坡倾向设置钢筋混凝土梁,梁之间设置人字型钢筋混凝土梁,格构水平间距不大于4.5 m。
e) 其他型式：斜方格型、满铺实体护面墙型(其中又分为等截面型、变截面型)、窗户型等。

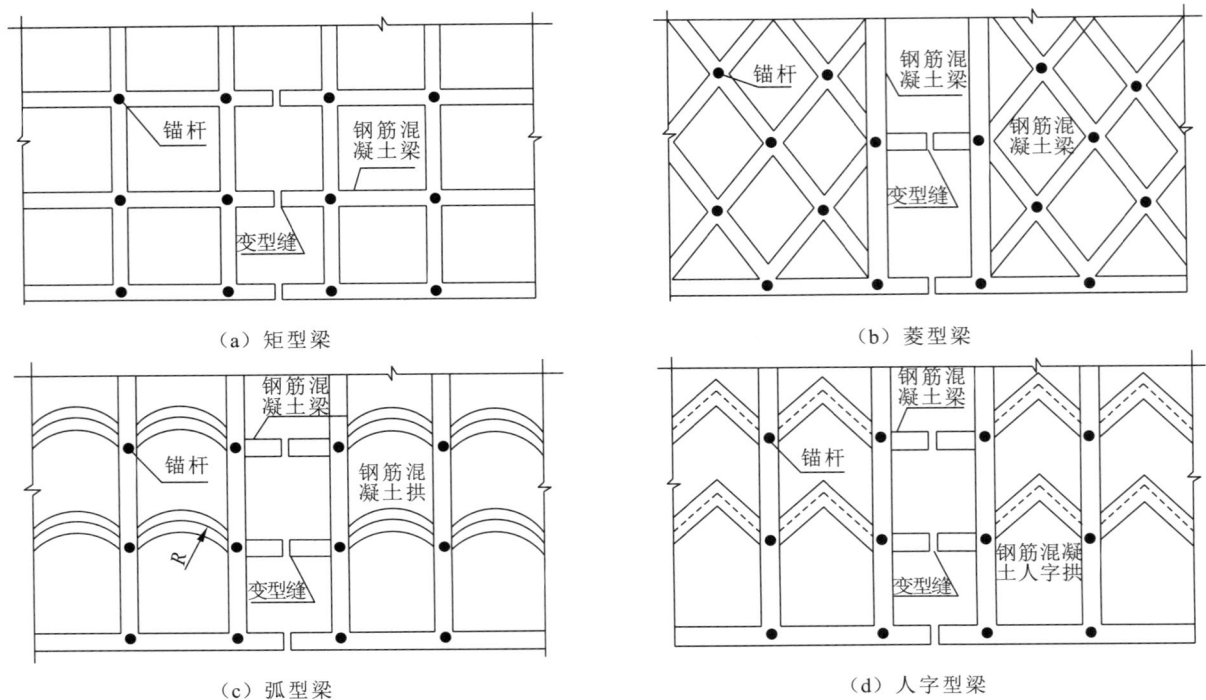

图 1 钢筋混凝土格构平面布置型式图

7.3.3 格构梁内力根据典型剖面承受的土压力和锚杆设计抗拔力,可采用倒梁法(参见附录E)或多跨连续梁法进行计算。

7.3.4 格构梁与坡面岩土体的接触压应力,应小于坡面地基承载力。

7.3.5 格构梁应能承受锚杆作用产生的弯矩及剪力,并能承受预应力锚杆的张拉荷载。钢筋混凝土格构梁配筋应符合GB 50010的有关规定。

7.3.6 钢筋混凝土格构断面与配筋参见图2。
a) 钢筋混凝土格构截面应采用矩形,截面尺寸按承载能力极限状态进行设计,并按照强度和抗裂验算确定。断面高×宽不宜小于30 cm×25 cm。
b) 纵向钢筋应采用直径不小于ϕ14、强度等级不低于HRB400级的热轧钢筋,箍筋应采用ϕ8以上的钢筋。若配筋率过小,可按少筋梁结构配筋。
c) 格构梁主筋不少于4根,截面高度超过50 cm不少于6根。
d) 格构梁槽底地基应密实,槽基应铺设素混凝土垫层。

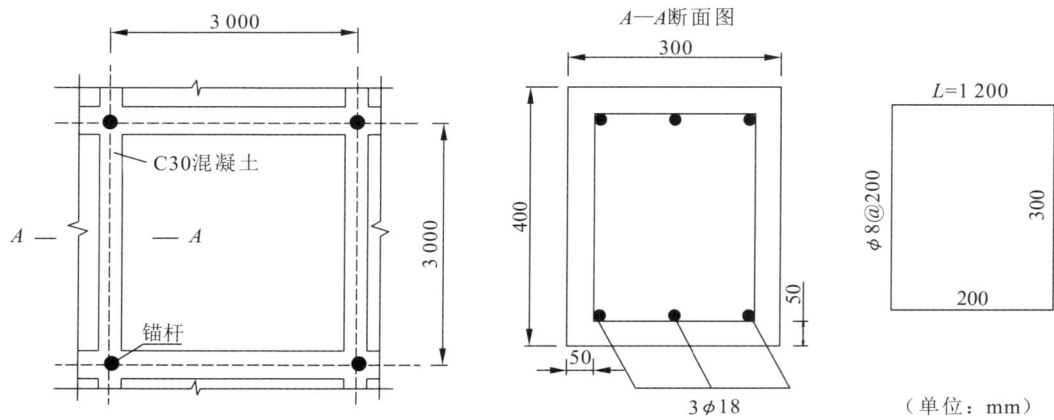

图 2 现浇钢筋混凝土格构断面示意图

7.3.7 现浇混凝土格构边坡坡面应平整,格构宜嵌入坡体 1/3～2/3 截面高度,且不少于 10 cm。应根据坡面岩土体特性确定格构梁的合理间距,梁间距宜为 2 m～4 m。

7.3.8 格构梁混凝土强度等级不应低于 C25,宜采用 C30;对预应力锚杆,混凝土强度等级应予以提高。

7.3.9 格构锚固边坡坡度不宜大于 70°。坡度大于 50°时,宜采用肋梁柱,肋梁嵌固于坡体内不少于 10 cm,按单向受力梁进行结构设计。逆作法施工时肋柱梁应有可靠的临时支撑措施。

7.3.10 格构变形缝间距宜为 15 m～20 m,且在边坡转折处、地质条件变化处应设变形缝,缝宽 20 mm～30 mm,内填沥青亚麻。

7.3.11 格构的前缘可支撑在支撑墩上,支撑墩材料宜采用混凝土或浆砌石,断面尺寸应根据地基承载力及墩体内力计算确定,墩的边长不宜小于 0.8 m,埋深不宜小于 1.0 m。

7.3.12 预制钢筋混凝土梁宜采用高强预应力结构,应在工厂或专用的场地加工预制。

7.3.13 预制钢筋混凝土梁宜采用十字型,十字梁宜为中厚边薄的鱼腹形式,按悬臂梁结构配筋。

7.3.14 预制钢筋混凝土梁与预应力锚杆(索)结合使用,梁就位后施加预应力张拉锁定梁体。

7.3.15 格构间可采用砌体护面,也可喷播植草,草种应根据气候区进行选型,要求有优良的抗逆性,并采用两种以上的草种进行混播。

8 砌体坡面防护

8.1 一般规定

8.1.1 砌体坡面防护是采用浆砌或干砌方法,在坡面砌筑块石、片石或预制块,分为浆砌石、干砌石、浆砌格构、干砌格构、砌块防护等类型。

8.1.2 砌体坡面防护适用于边坡稳定性满足要求的坡面防护,防止坡面冲刷、风化、剥落等。

8.1.3 砌体坡面防护前应先进行削坡整形,坡面应平顺,基层应密实,松散浮土应清理并夯实。

8.1.4 浆砌石坡面防护的适用条件:
a) 边坡坡比宜缓于 1:1.5 的土质边坡;
b) 易风化的岩质边坡;
c) 适用于水流速度较大(4 m/s～5 m/s)、波浪作用较强,以及可能有流冰、漂浮物等冲击作用的岸坡。

8.1.5 干砌石坡面防护的适用条件：
  a) 边坡受雨水冲刷及冲蚀，或有严重剥落的软质岩层边坡，或受河（湖）水冲蚀的边坡；
  b) 边坡坡比缓于1∶1.5；
  c) 涉水边坡；
  d) 不宜用于水流速度大于3 m/s、波浪作用较强、有漂浮物冲击的岸坡。

8.1.6 混凝土预制砌块坡面防护适用于块、片石材料缺乏的地区。混凝土预制砌块可选用实心混凝土预制块、空心混凝土预制块，形状可选用正方形或六边形，混凝土砌块强度不宜低于C20。

8.1.7 水下砌体坡面防护的砌体面层与斜坡坡面之间应设置反滤层，反滤层采用直径5 mm～15 mm的碎石，厚度10 cm～20 cm。反滤层应按SL274要求进行设计。

8.1.8 砌体坡面防护在坡脚应设置护脚墙，墙基础埋深为1.5倍砌体坡面防护厚度且不小于30 cm，护脚墙宽度宜为30 cm～50 cm。受冲刷的基础应埋置在冲刷线以下0.5 m～1.0 m。护脚墙设置不应或少扰动坡脚。

8.1.9 砌体坡面防护应设置顶、底及两侧边的封边梁，封边梁宜采用浆砌石或混凝土梁。

8.2 砌石坡面防护

8.2.1 石料应为未风化的坚硬块石、片石，无尖角及薄边，上下两面基本平行且大致平整；石料重度不应小于24 kN/m³，强度等级不应低于MU30，砂浆强度等级不应低于M7.5。

8.2.2 石料可选用块石、片石、条石、料石等，短边尺寸不宜小于20 cm，水下防护时块石块径和砌石厚度等应符合SL274的要求。

8.2.3 浆砌石格构可分为下列型式：
  a) 方型：沿边坡倾向走向设置的方块状浆砌石，格构间距不大于3.0 m；
  b) 菱型：沿边坡坡面斜向设置的浆砌石，格构间距不大于3.0 m；
  c) 弧型：沿边坡倾向设置浆砌石条带，条带之间设置弧型浆砌石拱，格构横向间距不大于3.0 m；
  d) 人字型：沿边坡倾向设置浆砌石条带，条带之间设置人字型浆砌石拱，格构横向间距不大于3.0 m。

8.2.4 浆砌石格构设计采用类比法或经验法，格构间距宜为2 m～3 m。

8.2.5 浆砌石格构边坡坡面应平整，坡比不宜大于1∶1.5，格构嵌入坡体10 cm～30 cm。

8.2.6 浆砌石厚度宜为25 cm～35 cm，用于河流冲刷坡面防护时，最小厚度不应小于35 cm。

8.2.7 浆砌块石坡面防护间隔20 m～25 m，应设置伸缩缝，缝宽2 cm，缝内填塞沥青麻筋等材料。在坡面土质有变化处宜设置沉降缝，宜将伸缩缝与沉降缝合并设置。

8.2.8 浆砌石坡面防护应设泄水孔，泄水孔材料宜为直径不小于100 mm的圆形PVC管，泄水孔孔眼段及底部应采取反滤措施。

8.2.9 泄水孔伸入至坡面岩土层内不宜小于30 cm，伸入岩土层内泄水孔管头应设置反滤层和土工布。泄水孔宜采用梅花形布置，间距和排距宜为2 m～3 m，外倾5%。最下一排的泄水孔布置在坡脚以上0.8 m～1.2 m处。

8.2.10 干砌石厚度单层宜为25 cm～35 cm；双层的上层宜为25 cm～35 cm，下层宜为15 cm～25 cm。

8.2.11 干砌石应错缝锁结铺砌，砌缝宽度不应大于20 mm，不得出现通缝、叠砌和浮塞。砌石应整齐牢固，砌石边缘应顺直。

8.2.12 干砌石的明缝均用小片石料填塞紧密,明缝契合无松动,不得使用翅口石和飞口石。

8.2.13 干砌石应垫稳填实,与周边砌石靠紧,严禁架空。干砌石坡面应平顺美观,不得有凹陷凸肚现象。砌体外露面的坡顶和侧边应选用较整齐的块石砌筑平整。

8.2.14 干砌石护脚应砌筑块石基础,基础较深时宜设计为石垛、浆砌石或混凝土基础。

8.3 砌块坡面防护

8.3.1 砌块可采用混凝土预制块及砖砌块两类。混凝土砌块强度不低于C20,砖砌块不低于MU10。砂浆强度等级不应低于M7.5。

8.3.2 混凝土预制块类型:
  a) 实心混凝土预制块:边长不应小于20 cm,厚度不应小于12 cm,宜为正方形或六边形,可配置构造钢筋;
  b) 空心混凝土预制块:边长不应小于30 cm,厚度不应小于15 cm,宜为正方形或六边形,可配置构造钢筋;
  c) 拼花形及异形混凝土块:可组合成多种形式。

8.3.3 铺砌前应检查混凝土预制块尺寸及外观,不得有蜂窝麻面、露石、脱皮、裂缝等,不合格的预制块予以剔除。

8.3.4 砌块之下应铺筑10 cm~20 cm砂石混合料找平垫层,砂料宜采用粗砂,不得含有杂物,级配良好。

8.3.5 砂石混合料找平垫层进行人工夯实前,应适当洒水,其含水率控制在8%~10%为宜。

8.3.6 砌块铺设前必须严格控制砂石垫层施工质量,垫层应密实。铺砌时应从坡下向上人字型铺筑。

8.3.7 砌块铺设接缝应严密,浆砌块体间的接缝采用砂浆勾缝。

8.3.8 浆砌块坡面防护每间隔15 m~20 m应设置伸缩缝,缝宽2 cm,用沥青亚麻充填。

8.3.9 浆砌块坡面应设泄水孔,泄水孔的孔径宜为10 cm×10 cm的矩形或直径为10 cm的圆形,泄水孔宜在预制块制作过程中预置在砌块上。泄水孔宜采用梅花形布置,其间距和排距宜为2 m~3 m。带泄水孔预制块内面应贴土工布进行反滤。土工布不应小于3层,面积不应小于50 cm×50 cm。砌块、泄水孔大样参见附录F。

8.3.10 异形砌块拼接方式采用铰接式和连锁式,铰接式砌块采取开孔式和封闭式两种形式。

8.3.11 砖砌块的尺寸允许偏差、外观缺陷、力学性能、吸水率、耐磨性、抗渗率、抗冻性等应满足坡面防护要求和砌块产品相关标准,砖砌块的软化系数应不小于0.85。

8.3.12 干砌块坡面防护设计技术要求参照干砌石坡面防护设计规定。

9 喷锚坡面防护

9.1 一般规定

9.1.1 喷锚坡面防护适用于岩质边坡;土质边坡使用时,其土质宜为硬塑及坚硬状的黏性土类。

9.1.2 锚杆的设计应根据工程要求、岩石性质、锚杆承载力、锚杆材料和长度、现场条件、施工工艺等综合确定。

9.1.3 Ⅰ类岩质边坡可采用混凝土喷射支护;Ⅱ类岩质边坡宜采用钢筋网混凝土锚喷支护;Ⅲ类岩质边坡应采用钢筋网混凝土锚喷支护,且边坡高度不宜大于15 m。

9.1.4 锚杆设计时,应确保锚杆和坡体在承受使用荷载作用时安全系数符合本规范第5.3节规定,且不应产生影响结构正常使用的变形。

9.1.5 浅表变形的不稳定斜坡应根据其破坏模式和潜在变形面的岩土物理力学参数,计算确定所需的锚固力和锚固深度。

9.1.6 岩质边坡整体用系统锚杆支护稳定后,对局部不稳定块体尚应采用锚杆加强支护。

9.1.7 膨胀性岩质边坡和具有严重腐蚀性的边坡不应采用喷锚支护。有深层外倾滑动面、岩体破碎卸荷强烈或坡体渗水明显的岩质边坡不宜采用喷锚支护。

9.1.8 下列边坡工程的喷锚支护设计应通过专项技术论证:
  a) 高度大于30 m的岩质边坡;
  b) 地质环境条件复杂,稳定性差;
  c) 失稳破坏造成后果很严重;
  d) 土质边坡;
  e) 有特殊使用要求。

9.1.9 对特殊条件下为专门目的而采用的锚杆,必须在充分调查研究和必要的试验基础上进行设计。

9.2 设计计算

9.2.1 岩质边坡的侧向岩土压力合力可按下式计算:

$$E_{ah}' = E_{ah}\beta_2 \quad \quad (7)$$

式中:
E_{ah}'——每延米侧向岩土压力合力水平分力修正值(kN/m);
E_{ah}——每延米侧向岩土压力合力水平分力(kN/m),按附录B选取公式计算,也可参照GB 50330;
β_2——喷锚锚固侧向岩土压力修正系数,非预应力锚杆取1.0,预应力锚杆取1.1。

9.2.2 岩质边坡侧压力可按下式计算:

$$e_{ah}' = \frac{E_{ah}'}{0.9H} \quad \quad (8)$$

式中:
e_{ah}'——侧向岩土压力水平分力修正值(kN/m²);
H——岩质边坡高度(m)。

9.2.3 锚杆轴向拉力可按下式计算:

$$N_{ak} = e_{ah}' s_{xj} s_{yj} / \cos\alpha \quad \quad (9)$$

式中:
N_{ak}——锚杆所受轴向拉力(kN);
s_{xj}、s_{yj}——锚杆的水平、垂直间距(m);
α——锚杆倾角(°)。

9.2.4 锚喷坡面防护时,锚杆设计计算应符合本规范第7.2.6~第7.2.8条的规定。

9.2.5 采用锚杆加固局部不稳定岩石块体时,锚杆承载力应符合下式的规定。

$$K_b(G_t - fG_n - cA) \leqslant \sum N_{akti} + f\sum N_{akni} \quad \quad (10)$$

式中：

- A——滑移面面积（m²）；
- c——滑移面的黏聚力（kPa）；
- f——滑移面上的摩擦系数；
- G_t、G_n——分别为不稳定块体自重在平行和垂直于滑面方向的分力（kN）；
- N_{akti}、N_{akni}——单根锚杆轴向拉力在抗滑方向和垂直于滑动面方向上的分力（kN）；
- K_b——锚杆杆体抗拉安全系数，按本规范第7.2.6条规定取值。

9.2.6 采用喷锚坡面防护设计时，除锚杆抗拉力应满足设计要求外，还必须验算锚固结构体系的整体稳定性。

9.3 喷锚构造

9.3.1 系统锚杆的设置宜符合下列要求：
a) 锚杆倾角宜为10°～20°，也可与坡面垂直。
b) 锚杆布置宜采用网格状或梅花形。
c) 锚杆间距和长度根据边坡岩土条件及其坡体稳定性确定；锚杆间距宜为1.2 m～3.0 m，且不应大于锚杆长度的1/2；对Ⅰ、Ⅱ类岩质边坡最大间距不应大于3.0 m，对Ⅲ、Ⅳ类岩质边坡最大间距不应大于2.0 m。
d) 采用全黏结锚杆。
e) 锚杆杆体材料不宜采用镀锌钢材。

9.3.2 锚喷支护用于岩质边坡整体支护时，其喷射混凝土面板应符合下列规定：
a) Ⅰ类岩质边坡面板厚度不应小于50 mm；Ⅱ、Ⅲ类岩质边坡面板厚度不应小于100 mm。
b) 钢筋网宜采用单层双向钢筋网，钢筋网置于面板中部，钢筋直径宜为6 mm～8 mm，钢筋间距宜为150 mm～250 mm。
c) 钢筋网亦可采用工厂加工成型的钢丝网片，网片搭接应满足产品安装的要求。
d) 单层钢筋网面板厚度不应小于100 mm，双层钢筋网面板厚度不应小于150 mm；钢筋保护层厚度不应小于25 mm。
e) 锚杆钢筋与面板应有可靠的连接构造措施。喷锚支护大样参见附录G。

9.3.3 钢筋网与锚杆应设锚头拉筋，并进行焊接或扎丝绑接，拉筋可采用$\phi 12 \sim \phi 16$钢筋。

9.3.4 岩石锚杆的锚固段长度不应小于3 m，且不宜大于8 m；采用预应力锚杆时，可根据现场试验和地区经验确定最大锚固长度。锚杆可等长布置，也可长短锚间隔布置。

9.3.5 锚杆杆体与喷射混凝土层及锚头拉筋宜采用弯折连接，弯折长度不宜小于$15d$，杆体与拉筋应绑扎或焊接。

9.3.6 锚杆注浆固结体嵌入混凝土面层不宜少于30 mm，并做好防腐处理。锚杆防腐蚀要求同本规范第7.2.20条规定。

9.3.7 喷射混凝土强度等级，对永久性边坡不应低于C25，对防水要求高的边坡不应低于C30；对临时性边坡不应低于C20。喷射混凝土1 d龄期的抗压强度不应低于5 MPa。

9.3.8 喷射混凝土的物理力学参数可按表6采用。

表6 喷射混凝土的物理力学参数

物理力学参数	喷射混凝土强度等级		
	C20	C25	C30
轴心抗压强度设计值/MPa	9.60	11.90	14.30
抗拉强度设计值/MPa	1.10	1.27	1.43
弹性模量/MPa	2.10×10^4	2.30×10^4	2.50×10^4
重度/(kN/m³)	22.00		

9.3.9 喷射混凝土与岩面的黏结力,对整体状和块状岩体不应低于0.80 MPa,对碎裂状岩体不应低于0.40 MPa。喷射混凝土与岩面黏结力试验应遵守GB 50086的规定。

9.3.10 喷射混凝土面板应沿边坡走向间隔20 m～25 m分段设置竖向伸缩缝,缝宽2 cm,用沥青亚麻充填。

9.3.11 应设置外倾泄水孔,孔径宜为75 mm,孔间距宜为2 m～4 m,呈横密纵疏布置。截排水沟等的设置应符合本规范的相关规定。

10 柔性防护网坡面防护

10.1 一般规定

10.1.1 主动防护网常用于坡面崩塌、风化剥落、溜坍、溜滑或塌落类地质灾害的加固防护,通过防护网的作用抑制局部岩土体移动或在发生局部位移破坏后将其裹缚于原位附近,从而达到主动防护功能。

10.1.2 被动防护网适用于崩塌滚落石和飞石的防护,布置在高陡边坡下的缓冲地带,将崩落滚石、飞石、雪崩拦截在建构筑物之外,拦截滚飞石避免对建(构)筑物造成毁坏。

10.1.3 编网、支撑绳及拉锚系统所用钢丝绳应符合GB/T 8918的规定,其钢丝强度不应低于1 770 MPa,热镀锌等级不低于AB级。

10.1.4 格栅编织用钢丝应符合GB/T 343的规定,热镀锌等级不低于AB级,其中高强度钢丝格栅亦可采用重量不低于150 g/m²的锌铝合金镀层处理。

10.1.5 环形网用钢丝应符合GB/T 343的规定,其钢丝强度不应低于1 770 MPa,热镀锌等级不低于AB级,或采用重量不低于150 g/m²的锌铝合金镀层处理。

10.1.6 钢柱构件钢材应符合GB/T 700的规定,并应进行防腐处理。热轧工字钢应符合GB/T 700和GB/T 706的规定。

10.1.7 钢丝绳网技术要求:

a) 编网用钢丝绳交叉结点处的固定件采用钢质卡扣,其厚度不小于2 mm,并经电镀锌处理,镀锌层厚度不小于8 μm;

b) 编网用铝质接头套管长度不小于50 mm,外径不大于30 mm,壁厚不小于3 mm,其连接能力不低于所连接钢丝绳的最小破断拉力;

c) 交叉结点处均用卡扣固定,接头处用铝质接头套管闭合压接,卡扣和套管表面不应有破裂和明显损伤;

d) 钢丝绳交叉结点处的抗错动拉力不应小于5 kN,错动后钢丝绳残余抗破断拉力不应小于原最小抗破断拉力的90%；
e) 钢丝绳交叉结点处的抗脱落拉力不应小于10 kN；
f) 编织成网的钢丝绳不应有断丝、脱丝；
g) 网的形状平整，网绳无打结和明显扭曲；
h) 单张钢丝网不应采用3根以上的钢丝绳编制。

10.1.8 钢丝格栅要求钢丝不应有明显机械损伤和锈蚀现象，高强度钢丝格栅端头应至少扭结1次，扭结处不应有裂纹。

10.1.9 环形网技术要求：
a) 单个环应由单根钢丝盘结而成，两端头间搭接长度不应小于100 mm；
b) 盘结而成的环应用钢质或铝合金紧固件至少在均匀分布的3处箍紧，且其中1个箍紧点应位于两端头的搭接处；
c) 除边缘环孔外，每个环应与其周边的4个环相扣联；
d) 盘结成环后的钢丝不应有明显的松脱、分离现象，钢丝不应有明显的机械损伤和锈蚀现象。

10.1.10 拉锚系统构件技术要求：
a) 钢丝绳锚杆应为直径不小于16 mm的单根钢丝绳，弯折后用绳卡或铝合金紧固套管固定，并在固定后的环套内嵌套鸡心环；
b) 拉锚绳应在一端用相应规格的绳卡或铝合金紧固套管固定并制作挂环；
c) 被动网支撑绳应在一端制作挂环并带有相应规格和数量的减压环，缝合绳应按钢丝绳网规格预先切断；主动网支撑绳和缝合绳不预先切断，根据需要的总长度现场配置；
d) 与锚垫板配套的钢筋锚杆可采用精轧螺纹钢筋，也可采用普通螺纹钢筋在一端加工不短于150 mm的螺纹段，螺纹规格应能承受不小于30 kN的紧固力。

10.1.11 减压环最小变形时的吸收能力应不小于其额定值。其启动荷载应介于与其相连的钢丝绳最小破断拉力的20%～50%，具体参数要求见表7，减压环变形过程中环管不应发生褶屈和破裂，未伸出段始终保持为原始圆形形状。

表7 减压环最小变形时的吸收能力值及启动荷载

减压环	GS-8000	GS-8001	GS-8002
最小变形吸收能量值/kJ	≥30	≥50	≥110
启动荷载/kN	17～57.5	30～95	47～142

10.1.12 主被动防护网的钢丝网、支撑绳、钢立柱、拉绳、锚杆等各种材料的防腐、防侵蚀性能应符合设计及产品质量要求。

10.2 主动防护网

10.2.1 应根据坡体地层结构、地层产状、岩土层性状、坡体变形特征等选择主动防护网的布置范围以及主动防护网类型。

10.2.2 主动防护系统的设计主要包括以下步骤和设计内容：
a) 选择合适的锚杆，通过计算确定锚杆长度和布置方式；
b) 确定支撑绳及缝合绳的直径、长度及其固定方式；
c) 选用钢丝绳网的规格，确定其层数；
d) 格栅规格的选定及其联结方式。

10.2.3 主动防护网应进行锚杆最小抗剪力计算及平行于坡面整体滑动安全性验算,参见附录H。

10.2.4 锚杆可采用双股钢丝绳锚杆,钢丝绳直径为16 mm,也可采用钢筋锚杆。上沿锚杆设计抗拔力不小于80 kN,其余锚杆设计抗拔力不小于50 kN。锚杆长度应根据计算确定,且不得小于2 m。钢筋锚杆孔径应大于杆体直径12 mm以上;双股钢丝绳锚杆孔径应大于钢丝绳2倍直径的10 mm以上。

10.2.5 钢丝绳网采用DO/08/300型,宜选用4 m×4 m网片,需要时可在边缘处采用其他规格的网片,采用单层钢丝绳网铺挂,在局部大体积危石或岩堆时,可采用双层钢丝绳的加强型主动防护,此时的锚杆抗拔力应不小于104 kN。

10.2.6 横向支撑绳宜采用不小于$\phi 16$钢丝绳,纵向支撑绳宜采用不小于$\phi 12$钢丝绳;设置双层钢丝绳网的区域纵横支撑绳均宜采用不小于$\phi 16$钢丝绳。每根钢丝绳的实际长度应在设计铺设长度的基础上两端各增加1m作为与锚杆固定连接的预留长度。

10.2.7 当支撑绳铺设长度小于或等于10 m时,支撑绳两端应用2个同型号的绳卡固定;当铺设长度大于10 m且小于30 m时应在钢丝绳两端采用3个同型号的钢丝绳卡固定;当铺设长度大于30 m时两端应用4个同型号绳卡固定。

10.2.8 缝合绳应为直径8 mm钢丝绳,每张钢丝绳网宜用一根缝合绳缝合,其长度按能实现网与周边支撑绳或是邻近网缝合来确定,每根缝合绳两端各用2个8 mm绳卡固定。

10.2.9 钢丝格栅:GPS1和GPS2型主动防护系统应在钢丝绳网下铺一层钢丝格栅,宜采用直径为2.2 mm的热镀锌钢丝,编制成网孔为50 mm×50 mm的钢丝格栅,仅当有培植土绿化要求时设置土工格栅,格栅网片边界间应考虑不小于5 cm的叠置,格栅间用1.2 mm铁丝绑扎,绑扎间距不得大于1 m。

10.2.10 主动帘式防护网设计:帘式网顶部锚杆固定,中下部自由,锚杆的深度及布置位置应满足稳定性计算要求,中下部自由段的长度应根据危石分布位置确定。

10.2.11 主动防护网加固后如需采用三维植被网绿化,可采取一锚双网形式,锚杆同时用于固定主动网及三维网。

10.3 被动防护网

10.3.1 被动防护系统的设计主要包括以下步骤和设计内容:
a) 根据落石的计算动能选择防护系统型号;
b) 根据计算落石的弹跳高度,确定防护系统的高度;
c) 根据能有效而经济地拦截落石的原则,确定防护系统设置的位置及高程;
d) 确定防护系统的布置方式,即确定防护系统的长度与系统走向;
e) 选择合适的钢柱、柔性锚杆、基座、连接件等构件,计算确定钢柱间距;
f) 通过分析确定基座及系统的倾角,必要时应采用防倾倒螺杆;
g) 拉锚系统的设计;
h) 选择和确定合适的支撑绳、减压环、钢丝绳网、缝合绳、格栅等相应配套设施的型号及规格。

10.3.2 防护网应进行滚石速度、弹跳高度、落石冲击动能及落距计算,参见附录H。

10.3.3 可在现场进行滚石试验,确定和计算滚石的运动轨迹和冲击能,以及滚石影响的范围,为被动防护网设计提供参数。

10.3.4 防护高度在计算最大弹跳高度基础上增加1 m作为安全储备,且防护网高度不小于3 m。

10.3.5 防护网的走向布置范围应超过落石可能危及范围至少10 m,分段布置时,每段间应沿走向有一定的长度重叠,重叠长度不小于 5 m。

10.3.6 钢柱间距宜为 6 m~12 m,应选用标准化的 GS-7001 型基座和 GS-7005 型连接件。每个基座应选用 4 根由螺纹钢筋加工而成的 MP28×1 000/M27×100 标准化地脚螺栓锚杆。

10.3.7 选用双股 16 mm 钢丝绳锚杆作为拉绳锚杆,其锚杆长度按表 8 中防护网高度或锚杆抗拔力要求来确定。

表 8 防护网高度及锚杆长度/抗拔力对照表

防护网高度/m	2	3	4	5	6	7
上拉锚锚杆/(m/kN)	1.5/40	1.5/40	2/50	2/50	2.5/60	2.5/60
侧拉锚锚杆/(m/kN)	2/50	2/50	2.5/60	2.5/60	3/80	3/80
下拉锚锚杆/(m/kN)	1.5/40	1.5/40	2/50	2/50	2.5/60	2.5/60
中间加固拉锚锚杆/(m/kN)	1.5/40	1.5/40	2/50	2/50	2.5/60	2.5/60

10.3.8 拉锚系统

 a) 上拉锚绳:RX-025 系统的每根钢柱应设置单根上拉锚绳;RX-050 和 RX-075 系统除端部钢柱应设置单根上拉锚绳外,当钢柱间距大于或等于 7 m 时中部每根钢柱应设置两根对称布置的"人"字形上拉锚绳,RX-025、RX-050 和 RX-075 系统的上拉锚绳应选用直径为 14 mm~16 mm 的钢丝绳,当钢柱间距小于 7 m 时,中部每根钢柱应设置单根上拉锚绳,其上拉锚绳均选用直径为 16 mm 的钢丝绳,每根上拉锚绳分别各带 1 个、1 个、2 个减压环。

 b) 侧拉锚绳:端部钢柱各设置一根侧拉锚绳,RX-025、RX-050 和 RX-075 系统的侧拉锚绳分别选用直径为 12 mm、16 mm 和 18 mm 的钢丝绳。

 c) 中间加固拉锚绳:当被动防护系统长度大于 70 m 时,应每隔 50 m 左右设置人字型中间加固锚绳,当此前已有下拉锚绳时,下拉锚绳当中间加固锚绳对待,中间加固及下拉锚绳的直径均与侧拉锚绳相同。

10.3.9 支撑绳:均宜设置双绳形式的上下支撑绳,RX-025、RX-050、RX-075 系统的支撑绳分别为直径 12 mm、16 mm、18 mm 的钢丝绳,且每跨内上下支撑绳分别设置 1/1、2/2、2/4 个减压环。当被动防护系统的长度大于 70 m 时,宜按单根支撑绳的跨越长度不超过 50 m 分段设置。

10.3.10 RX-025、RX-050 和 RX-075 系统分别选用网孔大小为 250 mm、200 mm 和 150 mm 的钢丝绳网,网的长度宜选用 5 m,网的宽度与系统高度相同,当系统高度大于或等于 6 m 时,宜采用其他宽度的网来拼接;当系统网底线水平面的夹角大于 5°时宜考虑配置相应斜角的菱形钢丝绳网。

10.3.11 12 mm 及 14 mm 钢丝绳应配置 GS-8000 减压环,16 mm 及 18 mm 钢丝绳应配置 GS-8001 减压环。GS-8000 和 GS-8001 型减压环的能量吸收能力分别不应低于 30kJ 和 50kJ,其启动荷载应介于与其相连的钢丝绳网最小破断拉力的 10%~70%,在距减压环约 40 cm 处应设置绳卡将两根支撑绳合并在一起,该绳卡的紧固程度为标准紧固的 30%。

10.3.12 每张钢丝绳网配置一根长度为其周长 1.3 倍的 8 mm 缝合钢丝绳。

10.3.13 当需要拦截小块落石时,应配置钢丝格栅,宜选用网孔直径为 50 mm×50 mm 的钢丝格栅,钢丝绳网与钢丝格栅间应采用 1.2 mm 的铁丝绑扎,绑扎间距不宜小于 1m。

10.3.14 各种规格钢丝绳所用绳卡的规格和标准紧固力(绳卡螺母紧固扭矩)见表 9。

表 9　绳卡与钢丝绳配合关系及标准固力表

钢丝绳直径/mm	8	12	14	16	18	20
绳卡直径/mm	8	13	16	16	19	20
绳卡螺母标准紧固扭矩/(kN·m)	6	33	49	19	67.7	107

11 挡土墙坡面防护

11.1 一般规定

11.1.1 应根据坡体的地形、岩土层特征、土压力分布以及挡土要求等进行挡土墙设计，可采用重力式挡土墙或悬臂式挡土墙，荷载较大时可采用锚杆挡土墙。

11.1.2 土质地基上挡土墙的结构型式，可根据工程地质条件、挡土高度和建筑材料等，经技术、经济比较确定：
  a) 重力式挡土墙和悬臂式挡土墙高度不宜超过 6 m。
  b) 在松软地基上可采用桩板式结构。
  c) 在坚实地基和人工加固地基上，挡土墙的结构型式可不受挡土高度的限制，但应考虑材料特性的约束条件；在斜坡上设置重力式挡土墙时，当墙前斜坡较陡时，应考虑挡土墙地基存在前缘岩土体对墙基抗力不足进而影响墙基不稳定问题。
  d) Ⅷ度及Ⅷ度以上地震区的挡土墙不宜采用砌石结构。

11.1.3 岩石地基上挡土墙结构型式应考虑地基及墙体材料特性的约束条件，各种软质岩层和较破碎岩石的挖方边坡以及坡面易受侵蚀的土质边坡可采用护面墙，护面墙和护脚墙不承受岩土体压力。

11.1.4 挡土墙不得置于松软地基或未经处理的填土上，挡土墙地基承载力应满足要求，否则应进行地基加固处理。

11.1.5 对于有特殊要求的挡土墙设计，以及采用新型结构或受力复杂的挡土墙设计，应进行专项设计论证并参照相应行业的挡土墙设计标准执行。

11.2 挡土墙计算

11.2.1 挡土墙应根据岩土性质、结构类型进行稳定性和结构计算。挡土墙地基应能满足承载力、稳定和变形的要求。

11.2.2 挡土墙的计算参数应按边坡岩土体的物理力学性质试验指标及经验值确定。

11.2.3 挡土墙墙后填料土应根据防渗排水要求及土料来源等因素，综合选用抗剪强度指标较高的土料，填料土抗剪强度指标宜通过试验或工程类比确定。

11.2.4 土质地基上的挡土墙，地基为软土或下卧层有软弱夹层，以及墙基应力接近地基承载力时，应进行地基沉降验算。

11.2.5 主动土压力按库仑公式计算，处于滑坡地段的挡土墙尚应验算挡土墙处的滑坡推力，挡土墙承受的侧压力取主动土压力和滑坡推力的较大值。挡土墙的稳定性应符合下列要求：
  a) 抗滑稳定性验算：

$$F_s = \frac{(G_n + E_{an})\mu}{E_{at} - G_t} \geqslant 1.3 \quad \cdots\cdots (11)$$

$$G_n = G\cos\alpha_0 \quad \cdots\cdots (12)$$

$$G_t = G\sin\alpha_0 \quad \cdots\cdots (13)$$

$$E_{at} = E_a \sin(\alpha - \alpha_0 - \delta) \quad \cdots\cdots\cdots\cdots\cdots\cdots\cdots\cdots\cdots\cdots (14)$$

$$E_{an} = E_a \cos(\alpha - \alpha_0 - \delta) \quad \cdots\cdots\cdots\cdots\cdots\cdots\cdots\cdots\cdots\cdots (15)$$

式中：

F_s——抗滑稳定系数；

G——挡土墙每延米自重（kN/m）；

E_a——每延米主动岩土压力合力（kN/m）；

α_0——挡土墙基底倾角（°）；

α——挡土墙墙背倾角（°）；

δ——岩土对挡土墙墙背摩擦角（°），可按表10选用；

μ——岩土对挡土墙基底的摩擦系数，宜由试验确定，也可按表11选用。

表10　岩土与挡土墙墙背的摩擦角 δ

挡土墙情况	摩擦角 δ	挡土墙情况	摩擦角 δ
墙背平滑，排水不良	$(0\sim0.33)\phi$	墙背很粗糙，排水良好	$(0.50\sim0.67)\phi$
墙背粗糙，排水良好	$(0.33\sim0.50)\phi$	墙背与填土间不可能滑动	$(0.67\sim1.00)\phi$

注：ϕ为岩土体内摩擦角。

表11　岩土与挡土墙底面摩擦系数 μ

岩土类别		摩擦系数/μ
黏性土	可塑	0.20～0.25
	硬塑	0.25～0.30
	坚硬	0.30～0.40
粉土		0.25～0.35
中砂、粗砂、砾砂		0.35～0.45
碎石土		0.40～0.50
极软岩、软岩、较软岩		0.40～0.60
表面粗糙的坚硬岩、较硬岩		0.65～0.75

b) 抗倾覆稳定性验算：

$$F_t = \frac{(Gx_0 + E_{az}x_f)}{E_{ax}z_f} \geqslant 1.6 \quad \cdots\cdots\cdots\cdots\cdots\cdots\cdots\cdots\cdots\cdots (16)$$

$$E_{ax} = E_a \sin(\alpha - \delta) \quad \cdots\cdots\cdots\cdots\cdots\cdots\cdots\cdots\cdots\cdots (17)$$

$$E_{az} = E_a \cos(\alpha - \delta) \quad \cdots\cdots\cdots\cdots\cdots\cdots\cdots\cdots\cdots\cdots (18)$$

$$x_f = b - z\cot\alpha \quad \cdots\cdots\cdots\cdots\cdots\cdots\cdots\cdots\cdots\cdots (19)$$

$$z_f = z - b\tan\alpha_0 \quad \cdots\cdots\cdots\cdots\cdots\cdots\cdots\cdots\cdots\cdots (20)$$

式中：

F_t——抗倾覆稳定系数；

z——岩土压力作用点至墙踵的高度（m）；

x_0——挡土墙重心至墙趾的水平距离（m）；

b——基底的水平投影宽度（m）。

11.2.6 地震工况时，重力式挡土墙的抗滑移稳定系数不应小于1.10，抗倾覆稳定性系数不应小于1.30。

11.2.7 重力式挡土墙的土质地基稳定性可采用圆弧滑动法验算，岩质地基稳定性可采用平面滑动法验算或软弱结构面验算。重力式挡土墙的地基承载力和结构强度计算，应符合现行有关标准的规定。

11.3 挡土墙构造

11.3.1 重力式挡土墙由墙身、基础、排水设施和沉降伸缩缝等组成。

11.3.2 重力式挡土墙材料可使用浆砌块石、条石或素混凝土。块石、条石的强度等级不应低于MU30，砂浆强度不应低于M7.5，混凝土的强度不应低于C20。

11.3.3 重力式挡土墙基底可做成逆坡。对土质地基，基底逆坡坡比不宜大于1:10；对岩质地基，基底逆坡坡比不宜大于1:5。

11.3.4 砌石挡土墙墙顶宽度不宜小于400 mm，素混凝土挡土墙墙顶宽度不宜小于300 mm。

11.3.5 重力式挡土墙的基础埋置深度：应根据地基稳定性、地基承载力、冻结深度、水流冲刷情况和岩石风化程度等因素确定。土质地基埋置深度不宜小于1.0 m；岩质地基埋置深度不宜小于0.5 m，受水流冲刷时，埋深应从预计冲刷底面算起。

11.3.6 重力式挡土墙的伸缩缝间距：条石、块石挡土墙20 m～25 m，素混凝土挡土墙10 m～15 m。在地基土性状和挡土墙高度变化处应设沉降缝，缝宽宜为20 mm～30 mm，内填沥青麻筋或其他有弹性的防水材料，填塞深度不应小于150 mm。在挡土墙拐角处应适当加强构造措施。

11.3.7 当挡土墙受滑动变形控制时，应采取提高抗滑能力的构造措施。宜在墙底设抗滑桩，其高度应保证桩前土体不被挤出，抗滑桩深度应根据抗滑稳定性计算确定。

11.3.8 对软弱地基或填方地基，当地基承载力不满足设计要求时，应进行地基处理或用桩基础方案。

11.3.9 宜在不同结构单元处和地层性状变化处设置沉降缝，沉降缝与伸缩缝宜合并设置。

11.3.10 挡土墙后的填土应优先选用抗剪强度高和透水性强的填料，当采用黏性土作填料时，宜掺入适量的砂砾或碎石，不应采用淤泥质土、耕植土、膨胀性土等软弱有害的岩土体作为填料。

11.3.11 挡土墙的防渗与泄水孔布置应根据地形、地质、环境、水体来源及填料等因素分析确定，应按1.5 m～2.5 m间距设置挡土墙泄水孔，并设置地表排水系统。

11.3.12 实体护面墙构造要求：

    a) 厚度宜采用40 cm～60 cm，底宽可取顶宽加$0.05H$～$0.10H$；单级护墙的高度不得超过15 m，多级护墙的总高度不得超过30 m。

    b) 沿墙身长度每隔10 m设置一道2 cm的伸缩缝，缝内用沥青麻筋填塞。泄水孔后用碎石和砂做成反滤层，墙顶以上用原土夯填或硬化处理，防止水流冲刷。

11.3.13 孔窗式护面墙宜为半圆拱形，高度宜为2.5 m～3.5 m，宽度宜为2.0 m～3.0 m，半径宜为1.0 m～1.5 m。其基础、厚度、伸缩缝等与实体护面墙相同，窗孔内可采用干砌片石、植草或插面。

11.3.14 拱式护面墙拱跨较小时(2 m～3 m)，拱圈宜采用水泥砂浆砌石；拱跨较大时，宜采用混凝土拱圈。

12 生态坡面防护

12.1 一般规定

12.1.1 在进行生态坡面防护设计前,应先进行边坡稳定性评价,在边坡坡体稳定的基础上进行生态坡面防护设计,宜结合坡面整形、格构等措施组合设计。

12.1.2 生态坡面防护设计应遵循安全稳定、生态优先、景观美化和经济适用的原则。

12.1.3 应根据不同的边坡坡比和边坡岩土物理力学性质,以及植物的适宜性等进行生态坡面防护设计。

12.1.4 种草适用于易生长草木的不涉水土质边坡,边坡坡比应缓于1:1.5;铺草皮适用于需要快速绿化,且边坡坡比缓于1:1.0的土质和严重风化的软质岩石边坡。

12.1.5 种植灌木适用于坡比缓于1:1.5的土质边坡,灌木应选用能迅速生长且根深枝密的低矮灌木类。

12.1.6 三维植被网适用于较陡的土质边坡和风化岩石边坡,挖沟植草适用于易于人工开挖的软质岩石边坡,边坡坡比应缓于1:0.75。植生袋适用于堤岸边坡、防护墙和土壤贫瘠的硬岩生态坡面护坡,宜与格构联合使用。

12.1.7 坡面植物群落主要分森林型、草灌型、草本型和观赏型。坡面植物绿化群落的选择应与坡面类型和自然环境相适应,并能确保植物能够长时间成活。

12.1.8 高陡边坡生态护坡宜与土工网(镀锌网)、土工格室等坡体防护联合使用。高陡边坡生态护坡植物的种植方式分播种和栽植,播种可采用挂网喷混植生、植生网和植生毯垫等方式,栽植可采用飘台种植、钉钵苗栽植、台阶栽植等方式。

12.1.9 宜优先选择与边坡周围群落相同或相近的物种和群落类型,使其与周边景观相协调。

12.1.10 草本型植物种子宜选择适应当地气候条件、抗逆性强、根系发达、生长迅速、越年生或多年生、种子易得且成本低的物种,亦可结合当地绿化规划综合考虑。

12.1.11 混播的不同植物种宜考虑植物种间的生态生物型的搭配;物种前期以草本为主,灌木为辅,草灌结合;后期以灌木和小乔木为主。

12.1.12 常用植物种类参见表12,常用植草坡面防护类型及特点参见表13。我国各地区主要可供选用的坡面防护灌木类及不同气候类型适应种植的草种参见附录I。

表12 常用植物种类

植物类型	小乔木	灌木	藤本	草本
植物名称	刺槐、臭椿、山桃、山杏、火炬树、银合欢	锦鸡儿、柠条、胡枝子、紫穗槐、沙地柏、绣线菊、黄刺玫、胡颓子、丁香、连翘、黄栌、荆条、蒙古莸、枸杞、酸枣、怪柳、杞柳、木槿、杜鹃花、马棘、多花木兰、四季桂、迎春花、夹竹桃、毛条、花棒、沙冬青、沙棘、沙柳、黄柳、白刺	野葛、中国地锦、美国地锦、金银花、凌霄、常春藤、山荞麦、杠柳	多年生黑麦草、无芒雀麦、苇状羊茅、碱茅、香根草、紫花苜蓿、白花草、木犀、山野豌豆、小冠花、野牛草、结缕草、二月蓝、鸢尾类、常夏石竹、马蔺、萱草、披碱草、冰草、沙打旺

表 13 常用植草坡面防护类型及特点

植草坡面防护类型		特点
液压喷播植草	喷播	喷射泵将均匀搅拌的草种、肥料和养生材料等通过管路和喷枪喷敷在坡体表面,形成松软而稳定的养生覆盖层
	客土喷播	由种植土、泥炭土、纤维料、长效肥、生物菌肥、保水剂等按比例配制成客土基材,按照打锚、挂网、喷射基材、植物种子喷播工序。适用于除极其坚硬和坡度陡于1:0.5 的岩质边坡以外的各种岩质边坡和碎石土边坡
三维植被网		固土性能优良,网起加筋作用,保温能促进植被生长
厚层基材喷射植被（TBS 植被）		适用于岩石边坡的防护及绿化
草皮		适用于坡度较缓、坡高较矮、土质较好的边坡防护
土工格室植被		具有蜂窝状或网格状的三维结构,一类是由土工格栅装配构成的土工格室;另一类是由高强度条带聚合物构成的土工格室
骨架植草		将圬工防护与植物防护相结合,有衬砌拱形骨架植草、六角块植草和预制块正方形网格植草等

12.1.13 坡面绿化施工宜选择在春季和秋季进行,应尽量避免在暴雨季节施工。绿化植被应进行浇水、追肥、补苗和病害防治等种植维护。

12.2 喷播坡面防护

12.2.1 喷播坡面防护包括直接喷播植草、客土喷播植草、铺草皮、三维植被网和挖沟植草等。

12.2.2 播种的种子在喷播前应进行种子预处理以提高种子的发芽率,种子的预处理包括冷水浸种法、层积催芽法、化学药剂处理法和升温催芽法等,应根据种子类型选择不同的催芽方法。

12.2.3 对土质条件差或无覆盖土的坡面宜采用回填改良客土并采取适宜措施使坡面趋于稳定。

12.2.4 喷播生态坡面防护基材材料配比可采用每平方米用水 4 000 mL,纤维 200 g,黏合剂(纤维素)3 g~6 g,保水剂、复合肥及草种根据具体情况而定,喷播厚度宜为 10 cm~20 cm。

12.2.5 草种播种量应根据下式进行计算：

$$W = \frac{G(1+Q) \times S}{1\,000 P \times B} \quad\quad\quad\quad\quad (21)$$

式中：
W——每平方米经发芽修正后的播种量(g/m^2)；
P——种子纯度(%)；
G——期望成活株数(株/m^2)；
B——种子发芽率(%)；
S——种子的千粒重(g)；
Q——发芽障凝修正系数(%),参见表 14 取用。

表14 发芽障凝修正系数

地质环境条件	修正系数 Q/%	地质环境条件	修正系数 Q/%
砂砾石土壤	+20	特别潮湿地	+10
干旱地	+10	缓坡地	-10
特别干旱地	+20	高边坡	+20

12.2.6 不同植物种的混播量由下式确定,混播所形成的植物株数:豆科植物种应占25%～30%,禾本科及其他科占70%～75%。

$$A = 1\,000/S \quad\quad\quad\quad\quad\quad\quad (22)$$

式中:
A——每平方米植物株数;
S——植物的单株营养面积(cm^2),一般为 $4\ cm^2$～$12\ cm^2$。

12.2.7 暖季性草种的最佳喷播时间为3月～5月,良好时间为6月～8月,一般适宜时间为2月和9月,如有特殊需求在其他季节实施绿化防护,须混播冷季性和暖季性草种。

12.2.8 喷播后应盖好无纺布进入养护管理阶段,包括洒水、追施肥料、病虫害防治、清除杂草等措施,并应符合下列要求:
a) 根据不同季节、苗木种类、土壤干湿程度确定浇水量及浇水次数,做到适时适量,保持土壤湿润。
b) 应在齐苗后进行追肥,追肥分春肥和秋肥两次。
c) 应采用生物防治、化学防治和人工摘除等办法,及时预防和控制病虫害。

12.2.9 铺草皮适用于坡比不超过1:1,局部不陡于1:0.75,坡高不超过10 m且需要快速绿化的边坡。草皮应选择根系发达、茎矮叶茂的耐旱草种,具有优良的抗逆性。

12.2.10 草皮块厚度为20 mm～30 mm,切成300 mm×300 mm的方块,或宽30 cm、长2 m的长方形。

12.2.11 三维植被网采用NSS塑料三维土工网,其纵横向拉伸强度不得低于4 kN/m,抗光老化等级应达到三级。

12.2.12 三维植被网应埋入边坡平台顶面以下120 mm,埋入长度不小于200 mm,埋入坡脚土内300 mm。网纵向搭接宽度150 mm,横向搭接长度100 mm。

12.2.13 三维网采用U型锚钉或聚乙烯塑料钉固定,钉长200 mm～450 mm,三维网横向搭接位置钉长600 mm～800 mm,钉间距900 mm～1 500 mm,在沟槽内应按750 mm间距设钉并填土压实。

12.2.14 若新砌筑边坡平台时,应将平台处三维植被网连通;若利用原有边坡平台时,应在平台顶面抹厚30 mm的M7.5砂浆,确保地表水不浸入坡体。三维植被网坡面防护平面及剖面布置见图3和图4。

12.2.15 挖沟植草楔形沟竖向应保持垂直,横向应设5%的倒坡,保证沟内填土稳定。挖沟植草坡面防护剖面布置见图5。

12.3 种植坡面防护

12.3.1 植物种的生物生态型要互相搭配,应包括禾本科和豆科的植物种,不同植物种的发芽天数尽可能相近。

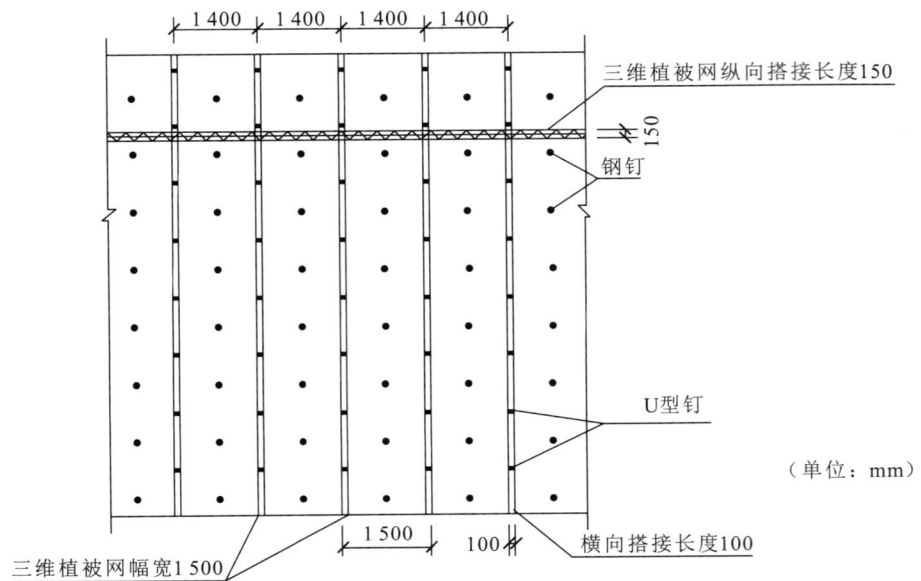

图 3 三维植被网平面布置图

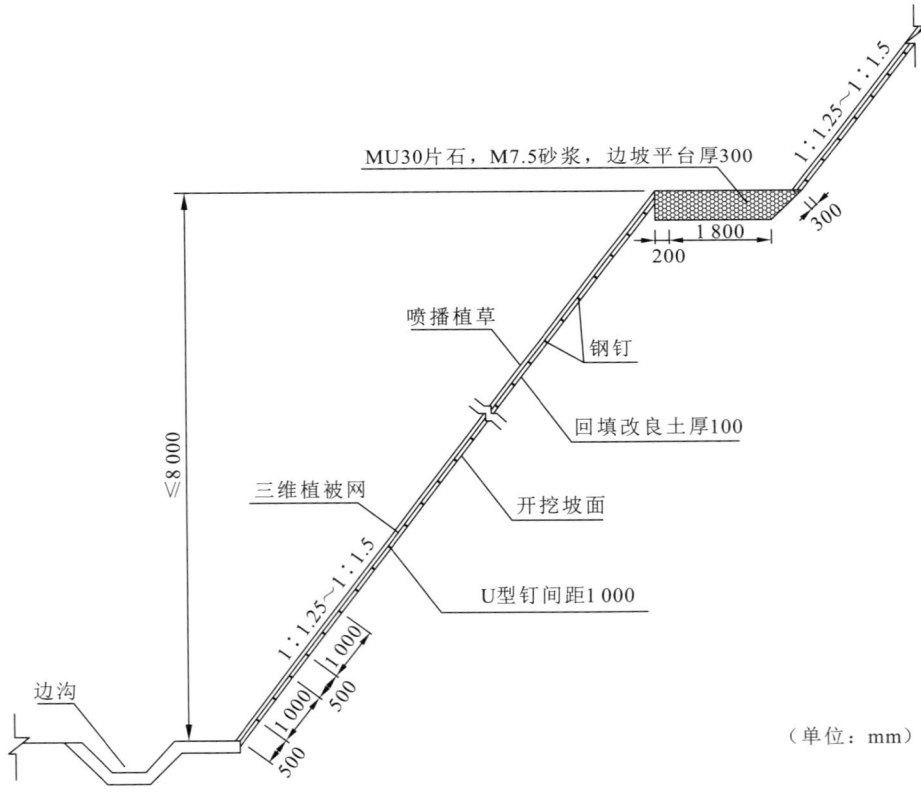

图 4 三维植被网剖面布置图

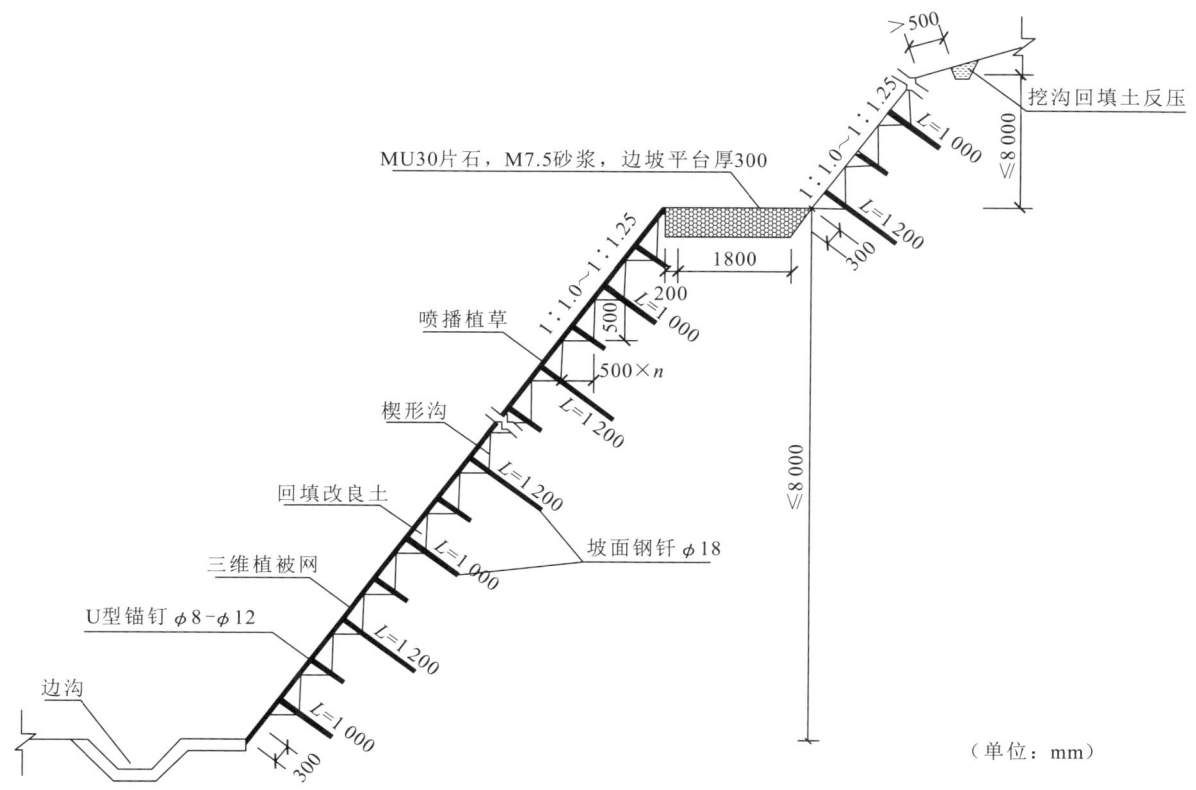

图 5 挖沟植草剖面布置图

12.3.2 乔木、亚乔木和灌木等植物物种应选择当地生长物种，宜选择生命力强、成林快、绿化美化效果好的物种。树苗应采用 2 年生苗，要求胸径不小于 4 cm，株高不小于 100 cm；灌木冠丛不小于 20 cm，顶芽饱满，无病虫危害和机械损伤。

12.3.3 坡面种植土应采用不含杂质土体，土壤 pH 值控制在 6.0～8.5，含盐量不大于 0.3%，含水率控制在 16%～25%。在客土内混合一定的保水剂、有机肥等，覆土厚度不宜小于 30 cm。

12.3.4 苗木栽种种植穴坑的间距应根据其成林后的覆盖范围确定。坑穴直径宜为 0.6 m，深 0.5 m。树苗的栽植可与穴坑客土回填同步实施。

12.3.5 植生盆应符合以下规定：

a) 适用于岩石坚硬、岩面不平整、裂隙和微地形充分发育的岩质边坡，较适宜坡度为 50°左右。
b) 利用微凹地形建造植生盆时，应在微凹口外侧人工开挖平台，用浆砌石或混凝土建造植生盆，直径宜大于 50 cm，深度宜大于 50 cm，墙厚 15 cm～30 cm。
c) 植生盆密度应为 100 m² 建 6 个～40 个。
d) 对于凹凸不平的坡面，应先在岩壁打入锚杆，锚杆直径 12 mm、长 80 cm～110 cm，锚入岩石内 50 cm～80 cm，利用锚杆的支撑作用建造植生盆。
e) 应在植生盆回填 3/4 体积的种植土，种植土成分为种植壤土、复合肥、保水剂、泥炭土。
f) 植生盆需与其他绿化相结合以构建乔灌草完整的群落种类。在选择乔灌木的种类时，应注意深根和浅根植物相结合，尽量选择不同的物种。

12.3.6 飘台种植槽应符合以下规定：

a) 适用于坡度≥60°的中风化和微风化的岩石边坡。

b) 基质应含有较多的有机质,保水、保肥、透气,有良好的团粒结构。
c) 飘台种植槽的植物应用抗逆性强的乡土植物为主,应将豆科与非豆科植物组合应用,灌、草、藤、蕨植物立体配置。
d) 排栅架应由下至上搭建,随坡面倾斜,先用 $\phi16\sim\phi18$ 钻头在岩坡面成 45°斜向钻孔,深度 20 cm 以上,注浆后插入 $\phi14\sim\phi16$ 钢筋。
e) 现浇飘台种植槽板:沿水平方向按一定密度设置锚杆,锚杆倾角45°,并加横筋,形成种植槽的钢筋骨架,安装模板,现浇 C20 混凝土,种植槽应与岩面完全密封。将营养土填入槽内,按一定株距栽种选定的苗木并在表层撒种。
f) 应在坡顶修建蓄水池,从蓄水池引出若干主水管,利用主水管将水源引向次水管,次水管($\phi25$)与主水管($\phi50$)相连,形成骨架网状浇灌系统,以保证坡体苗木有足够的水分养护。滴灌网管系统中的主管沿山体竖向每间隔 20 m 布置,次水管置于槽板内,沿槽板方向布置。

12.3.7 台阶栽植应符合以下规定:
a) 适用于坡度大于60°的岩石稳定边坡。
b) 应先清除坡面的块石、枯枝,并将坡面整理平顺。
c) 应先按一定高差在边坡修筑台阶,并在台阶上按一定距离开凿栽植槽,栽植槽尺寸宜为长 100 cm、宽 50 cm、深 60 cm。在槽内装填客土、有机质肥料和保水剂等。
d) 应栽植乔灌和草本实生苗,形成乔灌草型植物群落。

12.3.8 在陡崖边坡上可利用藤蔓植物上爬下挂方式的复绿技术,藤蔓植物的株距为 0.5 m。种类可选择爬山虎、常春藤等。

12.3.9 坡底外侧宜设置绿化带、排水沟,可植树及种植爬藤植物。

13 其他坡面防护

13.1 边坡排水

13.1.1 边坡排水应包括地表排水、地下排水和减少坡面水下渗等措施。地表排水、地下排水与减少坡面水下渗措施宜统一考虑,并形成相辅相成的排水、防渗体系。

13.1.2 坡面防护工程应设置泄水孔,坡面防护结构不应堵塞坡体的排水通道,造成坡体积水或形成水压力。

13.1.3 地表排水应根据汇水面积、降雨强度、历时和径流方向等进行整体规划和布置。边坡内、外的地表排水系统宜分开布置。

13.1.4 地表排水工程应包括截水沟、排水沟、跌水与急流槽等,应结合地形和天然水系进行布设,并作好进出水口的位置选择。截排水沟应防止出现堵塞、溢流、渗漏、淤积、冲刷等。

13.1.5 坡顶截水沟宜结合地形进行布设,且距挖方边坡坡口或潜在塌滑区后缘不应小于 5 m;填方边坡上侧的截水沟距填方坡顶的距离不宜小于 2 m;在多雨地区可设一道或多道截水沟;截水沟迎水面应设置泄水孔。

13.1.6 截、排水沟的沟宽不宜小于400 mm,可采用梯形或矩形断面,其沟底纵坡不宜小于0.3%。

13.1.7 沟壁顶应与地面齐平,不得低于地面标高,也不宜高于地面标高。

13.1.8 排水沟纵坡应根据沟线、地形、地质条件,以及与山洪沟连接条件等因素确定。当自然纵坡较陡时,应设置急流槽或跌水坎,并在其底部设置消能池。当跌水高差大于 5 m 时,应采用多级跌水。

13.1.9　排水沟纵坡变化处应避免产生壅水。断面的变化宜改变沟道宽度,深度保持不变。

13.1.10　排水沟断面变化时,应采用渐变段衔接,其长度可取水面宽度之差的5倍~20倍。

13.1.11　排水沟进出口平面布置,宜采用喇叭口或"八"字形导流翼墙。导流翼墙长度可取设计水深的3倍~4倍。

13.1.12　跌水和陡坡进出口段应设导流翼墙,与上、下游沟渠侧壁连接。梯形断面沟道宜呈渐变收缩扭曲面;矩形断面沟道宜做成八字墙形式。

13.1.13　砌筑砂浆强度等级不应低于M7.5,块石、片石强度等级不应低于MU30,现浇混凝土或预制混凝土强度等级不应低于C20。

13.1.14　截、排水沟采用浆砌时,边墙及沟底厚度不宜小于300 mm。边墙高度超过800 mm时,边墙厚度应适当增加。边墙顶面应采用同标号水泥砂浆抹面。

13.1.15　截、排水沟应设伸缩缝,缝间距为10 m~15 m,伸缩缝内应设止水或反滤盲沟或同时采用。

13.1.16　沟槽地基如存在软土、回填土,应采取换填或地基处理,地基承载力不小于100 kPa。

13.1.17　截、排水沟壁后的土体应回填压实,夯实过程中不得挤压壁体,压实度不宜小于90%。

13.1.18　沟壁高度大于800 mm的截排水沟宜设泄水孔,泄水孔进水侧应设置反滤层或反滤包;反滤层厚度不宜小于400 mm,反滤包尺寸不宜小于400 mm×400 mm×400 mm,反滤层或反滤包的底部应设厚度不小于300 mm的黏土隔水层。

13.1.19　设计地下排水工程前应查明坡体水文地质条件,获取设计、施工所需的水文地质参数。

13.1.20　地下排水工程包括渗流沟、盲沟、仰斜式排水孔等。地下排水设施的类型、位置及尺寸应根据水文地质和工程地质条件确定,并与地表排水系统相协调。

13.1.21　对于地下水埋藏浅或无固定含水层的土质边坡宜采用渗流沟排除坡体内的地下水。

13.1.22　边坡渗流沟应垂直嵌入边坡坡体,其基底宜设置在含水层以下较坚实的土层上;寒冷地区的渗流沟出口应采取防冻措施。

13.1.23　渗流沟平面形状宜采用条带形布置;对范围较大的潮湿坡体,可采用增设支沟,按分岔形布置或拱形布置。

13.1.24　渗流沟侧壁及顶部应设置反滤层,底部应设置隔水层;渗流沟迎水侧可采用砂砾石、无砂混凝土、渗水土工织物作反滤层。

13.1.25　排水盲沟的纵坡不宜小于1%,出水口处应加大纵坡并应高出地面不小于0.2 m。寒冷地区的盲沟,应作防冻保温处理或将盲沟设置在冻结深度以下。

13.1.26　用于引排边坡内地下水的仰斜式排水孔的仰角不宜小于6°,长度应伸至地下水富集部位或潜在滑动面,并宜根据边坡渗水情况网格状分布。

13.1.27　仰斜式泄水孔间距宜为2 m~3 m,并宜按梅花形布置;在地下水较丰富或有大股水流处应加密设置。

13.1.28　仰斜式排水孔成孔直径宜为75 mm~150 mm,排水管直径宜为50 mm~100 mm,渗水段裹1层~2层无纺土工布,防止渗水孔堵塞。

13.1.29　仰斜式排水孔和泄水孔排出的水宜引入地表排水沟,其最下一排的出水口应高于地面或排水沟设计水位顶面200 mm。

13.1.30　填筑工程上的泄水孔可采取预埋PVC管等方式施工,管径不宜小于50 mm,外倾坡度不宜小于5%。

13.2 加筋土挡土墙

13.2.1 加筋土挡土墙是由墙面板、填料及埋在经碾压密实填料内的具有一定抗拉强度并与面板相连接的拉筋所组成的坡面防护结构。

13.2.2 加筋材料材质分为土工格栅、聚丙烯土工带、金属带、CAT钢筋塑复合材料等。

13.2.3 加筋土挡土墙稳定性验算包括内部稳定性验算和外部稳定性验算。内部稳定性采用应力分析法和楔体分析法;外部稳定性包括滑移稳定性、倾覆稳定性、地基承载力和整体稳定性等验算。各验算应符合JTG D30中加筋土挡土墙设计计算的相关规定。

13.2.4 加筋土面板的设计应满足坚固、美观、方便运输和易于安装等要求。面板强度可按均布荷载作用下两端悬臂的简支梁进行验算。对于同一水平线上拉筋连接点为3个以上的面板,则应按静定连续梁进行设计。对于高度较大的加筋土挡土墙,除进行抗弯强度验算外,还应验算面板的抗剪强度和抗裂性,并满足GB 50010的要求。

13.2.5 面板设计计算:作用于单板上的土压力视为均匀分布;面板作为两端外伸的简支板,沿竖直方向和水平方向分别计算内力。

13.2.6 面板与筋带的联结部分宜适当加强,面板顶面宜设置混凝土或钢筋混凝土帽石。

13.2.7 拉筋长度分为无效长度和有效长度,位于破裂区的拉筋为无效长度,稳定区拉筋为有效长度。无效区长度可根据"0.3H法"确定,有效长度可根据锚固区范围内拉筋所产生的摩擦力,与该拉筋所承受范围内面板上的侧向土压力相平衡进行计算。

13.2.8 土工带拉筋按中心受拉构件计算,可根据试验测定每根拉筋极限断裂拉力,取其1/5~1/7为每根拉筋的设计拉力,每延米拉筋实际根数可由设计拉力计算确定。

13.2.9 土工格栅拉筋应连续铺设,拉筋拉力不应大于拉筋的容许抗拉强度。

13.2.10 设计容许抗拉强度 T_a 应按下式计算:

$$T_a = \frac{1}{F_D F_{CR} F_{CD} F_{bD}} \times T \quad \cdots\cdots\cdots\cdots\cdots\cdots\cdots (23)$$

式中:
T_a——设计容许抗拉强度(kPa);
F_D——铺设时机械破坏影响系数;
F_{CR}——材料蠕变影响系数;
F_{CD}——化学剂破坏影响系数;
F_{bD}——生物破坏影响系数;
T——由加筋材料拉伸试验测得的极限抗拉强度(kPa)。

注:铺设时机械破坏影响系数、材料蠕变影响系数、化学剂破坏影响系数、生物破坏影响系数应按实际经验确定,无经验时其乘积宜采用2.5~5.0。当施工条件差、材料蠕变性大时,其乘积应采用大值。

13.2.11 扁钢带、土工带、土工格栅等由供货厂家提供尺寸,经严格检验延伸率和断裂应力后,确定其设计截面面积和极限强度。

13.2.12 加筋土面板的作用是防止拉筋间填土侧向挤出,并保证拉筋、填料、面板构成具有一定形状的整体。面板下应设置厚度不小于0.4 m的C20混凝土条形基础,基础顶面设置凹槽,以利于安装底层面板。对于土质地基和风化层较厚且难以全部清除的岩石地基,基础埋深不应小于0.6 m,同时还应考虑冻结深度、冲刷深度等。

13.2.13 加筋带与面板的连接必须牢固可靠,连接处应与加筋带有相同的耐腐蚀性能。

13.2.14 加筋土面板的平面线形可采用直线、折线和曲线。相邻面板间的内夹角不宜小于70°。

13.2.15 对可能危害加筋土挡土墙工程的地表水和地下水,应采取排水或防水措施。设计水位以下宜做成石砌或混凝土实体面层。季节性冰冻地区的土工格栅应采取防冻胀措施。

13.2.16 斜坡上的加筋土坡体应设宽度不小于1 m的护脚,面板基础埋置深度从护脚顶面算起。

13.2.17 非浸水加筋土面板,当基础埋深小于1.25 m时,宜在面板地表处设置宽度为1.00 m,厚度大于0.25 m的混凝土预制块或浆砌片石防护层,其表面宜做成向外倾斜3%~5%的排水横坡。

13.2.18 加筋土挡土墙的基底不宜设置纵坡,基底成水平或结合地形做成台阶形。

13.2.19 多级加筋土挡土墙的平台顶部应设不小于2%的排水横坡,并用厚度不小于15 cm的C20混凝土板防护;当采用细粒填料时,上级墙的面板基础下应设置宽度不小于1.0 m,厚度不小于0.5 m的砂砾或灰土垫层。

13.2.20 在满足抗拔稳定的前提下,采用的土工格栅或土工带长度应符合下列规定:
   a) 坡高大于3.0 m时,最小长度宜大于0.8倍坡高,且不小于5.0 m。当采用不等长的拉筋时,同等长度拉筋的墙段高度,应大于3.0 m。相邻不等长拉筋的长度差不宜小于1.0 m。
   b) 坡高小于或等于3.0 m时,拉筋长度不应小于3.0 m,且应采用等长拉筋。

13.2.21 填料应易于填筑和压实,应选择有一定级配渗水的砂类土、砾石类土。泥炭、淤泥、冻结土、盐渍土、膨胀土等不得使用。

13.2.22 加筋区内填砂黏土、粉砂时,顶面应设置柔性封闭层,面板内侧应设置30 cm厚的砂卵石反滤层。面板上的金属连接件及金属拉筋应进行防锈处理,受力钢构件应预留2 mm的防锈蚀厚度。

13.2.23 加筋土填料应根据筋材竖向间距进行分层摊铺和压实,碾压前应进行压实试验,确定填料分层摊铺厚度和碾压遍数。

13.2.24 加筋土面板内侧小于1.0 m的范围及转角等处分层摊铺和压实,优先选用透水性较强的填料,用小型压实机械在面板后轻压,向中间压实。当压实困难时,可用人工夯实,严禁使用大型机械碾压。

13.2.25 压实过程中应按要求取样进行压实度试验,压实度值:在面板内侧小于1.0 m的范围内不得小于90%;大于1.0 m的范围内不得小于93%。

13.3 格宾坡面防护

13.3.1 格宾坡面防护是由充填块石的金属丝网箱笼组成的软体防护结构。金属丝网箱笼的厚度小于或等于0.45 m为格宾护垫,金属丝网箱笼的厚度大于0.45 m为格宾箱笼。格宾构造参见图6。

13.3.2 组成格宾的金属丝网是将低碳热镀锌钢丝、铝锌混合稀土合金镀层钢丝包覆PVC或经高抗腐处理后的同质钢丝,采用机械铰合编织成的六铰状、六边形网孔的金属丝网片。金属网丝的防腐蚀年限应与坡面防护工程的设计使用年限相同。

13.3.3 组成格宾箱笼的金属网的网面钢丝直径不宜小于2.7 mm,边端钢丝直径不宜小于3.4 mm。组成格宾护垫的金属网的网面钢丝直径不宜小于2.0 mm,边端钢丝直径不宜小于2.7 mm。绞合钢丝直径不宜小于2.2 mm。PVC包覆的金属网丝直径不宜小于3.0 mm。

13.3.4 格宾箱笼的宽度和厚度不宜超过1.0 m,长度不宜超过4.0 m,箱笼内隔网的间距不宜超过1.0 m。

13.3.5 填充块石必须是坚固密实、耐风化的石料,块石的强度等级不应低于MU30,80%石料粒径应大于网孔直径。

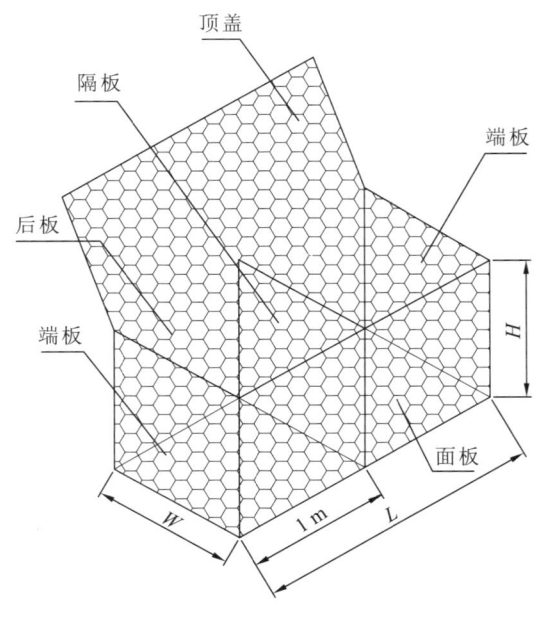

图 6 格宾构造图

13.3.6 应分层进行填料,分层厚度宜控制在 300 mm 以内,大块石间的空隙应采用小块石充填密实。填充材料顶面宜高出格宾箱笼体 30 mm～50 mm,再封盖且用同材质的扎丝或扣件固定。

13.3.7 箱格填料时,内部应布置一定数量和间距的连接加强钢丝,内部连接加强钢丝应按下列要求绑扎:
    a) 单层高 1.0 m 的格宾石笼,应在 1/3 和 2/3 高度处绑扎;
    b) 单层高 0.5 m 的格宾石笼,应在 1/2 高度处绑扎;
    c) 水平方向应保证每一个单元格至少有 2 组加强钢丝;
    d) 内连加强钢丝应连接格室的外露面及其对面。

13.3.8 格宾箱笼码砌应符合下列要求:
    a) 格宾箱笼层与层间箱体应纵横交错,上下联结,不允许出现通缝;
    b) 每层格宾箱笼组均应适当摆放"丁"字形箱体;
    c) 格宾箱笼外露面应平整美观。

13.3.9 边坡坡比小于 1∶1.5 时,宜选用格宾护垫;边坡坡比大于 1∶1.5 时,根据实际情况可选用格宾挡土墙、加筋格宾挡土墙或复式断面结构。格宾挡土墙亦可用作崩塌的防落石和滚石的拦石墙。

13.3.10 格宾挡土墙外立面可采取绿化处理措施,在箱笼体内隔出 200 mm～300 mm 的隔层,在隔层充填密实的拌有绿化植被种子的绿化基层,通过人工养护的方法进行坡面绿化。

13.3.11 格宾坡面防护结构与自然边坡坡面间设置反滤层,反滤层厚度不应小于 10 cm。

13.3.12 格宾箱笼用于固脚时,箱笼体埋入坡脚岩土层深度不应小于 0.5 m。水下固脚时,箱笼体应埋置到最大冲刷深度以下且不应小于 0.5 m。

13.3.13 格宾挡土墙及加筋格宾挡土墙应按重力式挡土墙进行设计验算,其抗倾覆抗滑移稳定系数应达到要求。应根据墙后土压力和墙体结构验算挡土墙稳定性,同时还应进行格宾挡土墙内应力验算和加筋格宾挡土墙内部稳定验算,以及挡土墙地基承载力验算。

13.3.14 格宾护垫用于防止水流冲刷时,护垫的厚度不应小于填石平均粒径的2倍。填石平均粒径应根据水流流速计算确定。

13.3.15 格宾护垫坡面防护还应进行护岸整体稳定验算。验算可分两种情况,护岸及岸坡整体滑动和沿格宾底面的滑动。前者可用平面滑动法计算,后者可简化成沿格宾护垫底的折线整体滑动。

13.4 轻量土坡面防护

13.4.1 轻量土是将轻量材料按照比例混入到土中合成的人工材料,并具有稳定的强度和变形特性。

13.4.2 轻量土适用于坡体回填减载、地基换填、滑坡段填土以及山区陡峻坡地地基填筑。

13.4.3 根据轻量土的材料构成,可分为发泡聚苯乙烯(EPS)块、发泡颗粒混合轻量土、气泡混合轻量土和次生材料混合轻量土。

13.4.4 材料的强度及重度应满足要求,强度宜为30 kPa~1 500 kPa,重度2 kN/m³~16 kN/m³。

13.4.5 轻量土可以通过置换、填筑等方式改善原土体的力学性能和稳定状态,也可以结合其他坡面防护方式使用。

13.4.6 EPS块、气泡颗粒混合轻量土和气泡混合轻量土设计应包括地基的稳定性,壁面的稳定性,抗滑移、抗倾覆、地基的承载力、变形;材料的稳定性;受地下水作用时,应考虑浮力及渗透力。

13.4.7 发泡颗粒混合轻量土坡面防护设计与土质边坡坡面防护设计基本相同,抗剪强度由土工试验确定。

13.4.8 高陡挡土墙后可回填轻量土,减少回填土重度,降低挡土墙侧土压力。

13.4.9 深厚软土地基及软土边坡进行人工填土,为减少填土荷载,降低地面沉降,可填筑轻量土。

14 监测设计

14.1 坡面防护工程监测包括施工安全监测、防治效果监测和动态长期监测,以安全监测、防治效果监测为主,所布网点应可供长期监测利用。在施工期间,监测结果应作为判断边坡稳定状态、指导施工、反馈设计和防治效果检验的依据。

14.2 对于安全等级为一级的坡面防护工程,应建立以地表监测为主,结合深部监测的综合立体监测网,并与长期监测相结合;对于二级坡面防护工程,在施工期间应建立安全监测和防治效果监测点,同时可建立以群测群防为主的长期监测点;对于三级坡面防护工程,可建立以群测群防为主的简易长期监测点。

14.3 坡面防护工程监测系统包括仪器安装、数据采集、传输和存储、数据处理、预测预报等。所采用的监测仪器须经过国家有关计量部门标定。

14.4 坡面防护工程监测宜根据不同类型的坡面失稳模式,设计不同的监测方案;对于不稳定的重点区域,应加强监测,增加监测点数量;并宜根据监测结果进行边坡稳定性分析。

14.5 坡面防护工程设计提出的监测技术要求应包括监测项目、监测频率和监测报警值等。

14.6 施工期应对坡体进行实时监测,以监测由于工程施工扰动等因素对坡体稳定性的影响,并及时指导工程施工,调整工程部署,安排施工进度等。

14.7 坡面防护工程施工时必须对坡面水平位移、垂直位移、地表裂缝和坡顶建(构)筑物进行监测。

14.8 施工安全监测点应按防治工程剖面布设,重点布置在坡面稳定性差,或工程扰动大的部位,形成完整的监测网,采用多种手段互相验证和补充监测数据。

14.9 施工安全监测要求每天进行,变形加剧时应实时跟踪监测,以使监测信息能及时反映坡体变形破坏过程,并及时反馈。对坡面稳定性好,且工程扰动较小的区域,可增大监测周期。

14.10 防治效果监测既要监测坡面的变形情况,也要监测坡面防护工程的变形情况。

14.11 防治效果监测时程不应少于一个水文年,数据采集时间间隔宜为 7 d～30 d,在外界扰动较大时,如暴雨期间,应加密监测次数。

14.12 坡面防护工程长期监测在防治工程竣工后,对坡体变形进行动态跟踪,确定坡体稳定性变化情况。长期监测主要对一、二级坡面防护工程进行。

14.13 坡面防护工程长期监测点宜布置在边坡的主剖面,监测点的布置可少于施工安全监测和防治效果监测。数据采集时间间隔宜为 10 d～30 d。动态变化较大时,应适当加密监测次数。

14.14 坡面防护工程可根据安全等级、地质环境、边坡类型、坡面防护结构类型和变形控制要求,按表 15 选择监测项目。

表 15 坡面防护工程监测项目表

测试项目	测点布置位置	坡面防护工程安全等级		
		一级	二级	三级
坡面水平位移和垂直位移	坡面防护剖面线上	应测	应测	应测
地表裂缝	坡面上的所有裂缝	应测	应测	选测
坡顶建(构)筑物变形	坡顶建筑物基础、墙面和整体倾斜	应测	应测	选测
降雨、洪水与时间关系	—	应测	应测	选测
锚杆(索)拉力	外锚头或锚杆主筋	应测	选测	可不测
坡面防护结构变形	主要受力构件	应测	选测	可不测
坡面防护结构应力	应力最大处	选测	选测	可不测
地下水、渗水与降雨关系	出水点	应测	选测	可不测

14.15 坡面防护工程监测应符合下列规定:
   a) 坡面位移观测,应在边坡剖面线上设置不少于 3 个监测点,监测水平位移、垂直位移和移动方向,一、二级坡面防护主、次剖面均应监测,三级坡面防护可只监测主剖面;
   b) 锚杆(索)拉力和预应力损失监测,应选择有代表性的锚杆(索),测定锚杆(索)应力和预应力损失;
   c) 非预应力锚杆的应力监测根数不宜少于锚杆总数的 3%,预应力锚索的应力监测根数不宜少于锚索总数的 5%,且均不少于 3 根;
   d) 监测工作可根据设计要求、边坡稳定性、周边环境和施工进程等因素进行动态调整。

14.16 地表位移监测可采用大地测量法和 GPS 法,辅以水准仪进行水准测量。在通视条件较差的环境下,采用 GPS 监测为主;在通视条件较好的情况下采用大地测量法。边坡变形监测和测量精度应符合 GB 50026 的有关规定。

14.17 应监测地表裂缝、位错等变化(水平位移、宽度及深度发展),监测方法有测桩法、石膏饼法、仪器法等。裂缝监测精度对于岩质边坡误差不应低于 0.5 mm,对于土质边坡误差不应低于 1.0 mm。

14.18 坡面防护工程施工过程中及监测期间遇到下列情况时应及时报警,并采取相应的应急措施:

a) 有软弱外倾结构面的岩土边坡支护结构有水平位移迹象或支护结构受力裂缝有发展；无外倾结构面的岩质边坡变形或支护结构构件的最大裂缝宽度达到国家现行相关标准的允许值；土质边坡支护结构坡顶的最大水平位移已大于边坡开挖深度的 1/500 或 20 mm，以及其水平位移速度已连续 3 d 大于 2 mm/d。

b) 土质边坡坡顶邻近建筑物的累计沉降、不均匀沉降或整体倾斜已大于 GB 50007 规定允许值的 80%，或建筑物的整体倾斜度变化速度已连续 3 d 每天大于 0.000 08。

c) 坡顶邻近建筑物出现新裂缝、原有裂缝有新发展。

d) 支护结构中有重要构件出现应力骤增、压屈、断裂、松弛或破坏的迹象。

e) 边坡底部或周围岩土体已出现可能导致边坡剪切破坏的迹象或其他可能影响安全的征兆。

f) 根据当地工程经验判断已出现其他必须报警的情况。

15 试验与检验

15.1 试验

15.1.1 坡面防护工程试验包括混凝土抗压强度试验、水泥砂浆强度试验、锚杆（索）试验等。试验合格判定应以设计标准或相关测试规定为准。

15.1.2 混凝土抗压强度试验应符合以下规定：

a) 试件标准养护 28 d 龄期，试件为边长 150 mm 的立方体，每 3 件 1 组。

b) 不同强度等级及不同配比的混凝土应在浇筑地点或拌合地点分别随机制取试件。

c) 浇筑单元结构的体积不超过 200 m^3 时，每一单元结构物应制取 2 组。

d) 浇筑单元结构的体积超过 200 m^3 时，每 200 m^3 或每一工作班制取 2 组。

e) 构筑物每座、每处或每工作班制取不少于 2 组。当原材料和配合比相同，并由同一拌和站拌制时，可几座或几处合并制取 2 组。

f) 应根据施工需要，另制取几组与结构物同条件养护的试件，作为拆模、吊装、张拉预应力、承受荷载等施工阶段的强度依据。

15.1.3 水泥砂浆强度试验应符合以下规定：

a) 试件标准养护 28 d 龄期，试件为边长 70.7 mm 的立方体，试件 6 件为 1 组；

b) 不同强度等级及不同配合比的水泥砂浆应分别制取试件，试件应随机制取，不得挑选；

c) 重要及主体砌筑物，每工作班制取 2 组；

d) 一般及次要砌筑物，每工作班可制取 1 组。

15.1.4 岩土层中锚杆试验应符合以下规定：

a) 加载装置（千斤顶、油泵）和计量仪表（压力表、传感器和位移计等）应在试验前进行计量标定合格，且应满足测试精度要求。

b) 锚固体灌浆强度达到设计强度的 90% 后，可进行锚杆试验。

c) 反力装置的承载力和刚度应满足最大试验荷载要求。

d) 每种试验锚杆数量均不应少于 3 根，试验记录应符合相关规定。

e) 锚杆基本试验的地质条件、锚杆材料和施工工艺等应与工程锚杆一致。

f) 锚杆基本试验时最大的试验荷载不应超过杆体强度标准值的 0.85 倍，普通钢筋不应超过其屈服值的 0.90 倍。

g) 锚杆基本试验应采用循环加、卸荷法,每级荷载施加或卸除完毕后,应立即测读变形量;在每级加荷等级观测时间内,测读位移不应少于3次,每级荷载稳定标准为3次百分表读数的累计变形量不超过0.10 mm,稳定后即可加下一级荷载;在每级卸荷时间内,应测读锚头位移2次,荷载全部卸除后,再测读2次~3次。

h) 锚杆试验中出现下列情况之一时可视为破坏,应终止加载:锚头位移不收敛,锚固体从岩土层中拔出或锚杆从锚固体中拔出;锚头总位移量超过设计允许值;土层锚杆试验中后一级荷载产生的锚头位移增量,超过上一级荷载位移增量的2倍。

i) 锚杆极限承载力标准值取破坏荷载前一级的荷载值;在最大试验荷载作用下未达到上述规定的破坏标准时,锚杆极限承载力取最大荷载值为标准值。

j) 当锚杆试验数量为3根,各根极限承载力值的最大差值小于30%时,取最小值作为锚杆的极限承载力标准值;若最大差值超过30%应增加试验数量,按95%的保证概率计算锚杆极限承载力标准值。

15.2 检验

15.2.1 坡面防护结构的原材料质量检验应包括下列内容:
a) 材料出厂合格证检查;
b) 材料现场抽检;
c) 锚杆浆体和混凝土的配合比试验,强度等级检验。

15.2.2 锚杆的质量检验应符合下列规定:
a) 数量取每种类型锚杆总数的5.0%,自由段位于Ⅰ、Ⅱ、Ⅲ类岩石内时取总数的1.5%,且均不得少于5根。
b) 锚杆应随机抽样,质监、监理、建设单位或设计单位对质量有疑问的锚杆也应抽样做验收试验。
c) 检验荷载对永久性锚杆为锚杆轴向拉力 N_{ak} 的1.5倍;对临时性锚杆为1.2倍。
d) 前三级荷载可按试验荷载值的20%施加,以后每级按10%施加;达到检验荷载后观测10 min,在10 min持荷时间内锚杆的位移量应小于1.0 mm。当不能满足时,持荷至60 min,锚杆位移量应小于2.0 mm。卸荷到试验荷载的0.1倍并测量锚头位移。
e) 锚杆检验合格标准:加载到检验荷载最大值后变形稳定;符合本规范第15.1.4 i)的规定。
f) 当锚杆检验不合格时,应按锚杆总数的30%重新抽检;重新抽检有锚杆不合格时应全数进行检验。

15.2.3 钢筋位置、直径、数量和保护层厚度可采用钢筋探测仪复检,当对钢筋规格有怀疑时可直接凿开检查。

15.2.4 混凝土格构可采用回弹法进行检测,对检测结构有怀疑的格构段可采用钻芯法进行补充检测,混凝土质量与强度评定按国家现行有关标准执行。

15.2.5 砌体坡面防护应检测砌石或砌块的强度、尺寸、厚度及砂浆强度等。

15.2.6 喷射混凝土面板厚度和强度的检验应符合下列规定:
a) 可用凿孔法或钻孔法检测面板厚度,每100 m² 抽检1组;芯样直径为100 mm时,每组不应少于3个点。
b) 厚度平均值应大于设计厚度,最小值不应小于设计厚度的80%。
c) 混凝土抗压强度的检测和评定应符合 GB/T 50344 的有关规定。

15.2.7 防护网钢丝绳、钢丝、钢柱构件、卡扣等规格及质量应满足国家现行有关标准,并按规定对钢丝绳锚杆进行拉拔试验检测。

15.2.8 生态坡面防护应对成活率进行检查,保证植被覆盖率达到70%以上,植被成活率达到95%以上,对不能满足成活率要求的防护段应进行返工或重新绿化。

15.2.9 土工合成材料质量应满足JTG E50要求及其他国家现行有关标准。

15.2.10 挡土墙除按要求进行墙体质量检验外,还应对墙背填料进行压实度检验,压实度可采用击实试验、环刀法、灌砂法等进行检验。对挡土墙地基或经处理后挡土墙地基承载力可采用标贯试验或动力触探试验进行检验。

15.2.11 坡面防护工程中各分项工程初步检测达不到质量要求的区段应加大检测范围,工程验收应符合GB 50300的有关规定,对判定为不合格的分项工程应进行返工。

15.2.12 坡面防护工程质量检验报告应包括下列内容:

a) 工程概况;
b) 检测依据;
c) 检验点分布图;
d) 检验方法与仪器设备型号;
e) 检验资料整理和分析;
f) 检验结论。

附 录 A
（规范性附录）
边坡岩体类型

A.1 岩质边坡的岩体分类根据岩体主要结构面与坡向的关系、结构面的倾角大小、结合程度、岩体完整程度等因素划分，并应符合表A.1的规定。

表 A.1 岩质边坡的岩体分类

边坡岩体类型	判定条件			
	岩体完整程度	结构面结合程度	结构面产状	直立边坡自稳能力
Ⅰ	完整	结构面结合良好或一般	外倾结构面或外倾不同结构面的组合线倾角＞75°或＜27°	30 m高的边坡长期稳定，偶有掉块
Ⅱ	完整	结构面结合良好或一般	外倾结构面或外倾不同结构面的组合线倾角27°～75°	15 m高的边坡稳定，15 m～30 m高的边坡欠稳定
	完整	结构面结合差	外倾结构面或外倾不同结构面的组合线倾角＞75°或＜27°	15 m高的边坡稳定，15 m～30 m高的边坡欠稳定
	较完整	结构面结合良好或一般	外倾结构面或外倾不同结构面的组合线倾角＞75°或＜27°	边坡出现局部落块
Ⅲ	完整	结构面结合差	外倾结构面或外倾不同结构面的组合线倾角27°～75°	8 m高的边坡稳定，15 m高的边坡欠稳定
	较完整	结构面结合良好或一般	外倾结构面或外倾不同结构面的组合线倾角27°～75°	8 m高的边坡稳定，15 m高的边坡欠稳定
	较完整	结构面结合差	外倾结构面或外倾不同结构面的组合线倾角＞75°或＜27°	8 m高的边坡稳定，15 m高的边坡欠稳定
	较破碎	结构面结合良好或一般	外倾结构面或外倾不同结构面的组合线倾角＞75°或＜27°	8 m高的边坡稳定，15 m高的边坡欠稳定
	较破碎（碎裂镶嵌）	结构面结合良好或一般	结构面无明显规律	8 m高的边坡稳定，15 m高的边坡欠稳定
Ⅳ	较完整	结构面结合差或很差	外倾结构面以层面为主，倾角多为27°～75°	8 m高的边坡不稳定
	较破碎	结构面结合一般或差	外倾结构面或外倾不同结构面的组合线倾角27°～75°	8 m高的边坡不稳定
	破碎或极破碎	碎块间结合很差	结构面无明显规律	8 m高的边坡不稳定

注1：结构面指原生结构面和构造结构面，不包括风化裂隙。
注2：外倾结构面系指倾向与坡向的夹角小于30°的结构面。
注3：不包括全风化基岩；全风化基岩可视为土体。
注4：Ⅰ类岩体为软岩，应降为Ⅱ类岩体；Ⅰ类岩体为较软岩且边坡高度大于15 m时，可降为Ⅱ类。
注5：当地下水发育时，Ⅱ、Ⅲ类岩体可根据具体情况降低一档。
注6：强风化岩应划为Ⅳ类；完整的极软岩可划为Ⅲ类或Ⅳ类。
注7：当边坡岩体较完整、结构面结合差或很差、外倾结构面或外倾不同结构面的组合线倾角27°～75°、结构面贯通性差时，可划为Ⅲ类。
注8：当有贯通性较好的外倾结构面时应验算沿该结构面破坏的稳定性。

附 录 B
（规范性附录）
边坡稳定性计算

B.1 对于均质土类边坡，可采用圆弧形滑动面法进行边坡稳定性分析，计算剖面见图 B.1，稳定性系数计算见式 B.1～式 B.3。

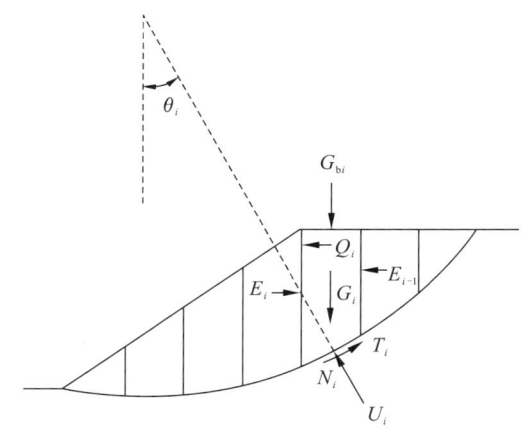

图 B.1 圆弧形滑面边坡计算示意图

$$F_s = \frac{\sum_{i=1}^{n} 1/m_{\theta i}[c_i l_i \cos\theta_i + (G_i + G_{bi} - U_i \cos\theta_i)\tan\varphi_i]}{\sum_{i=1}^{n}[(G_i + G_{bi})\sin\theta_i + Q_i \cos\theta_i]} \quad \cdots\cdots (B.1)$$

$$m_{\theta i} = \cos\theta_i + \tan\varphi_i \sin\theta_i / F_s \quad \cdots\cdots (B.2)$$

$$U_i = 1/2 \gamma_w (h_{wi} + h_{wi-1}) l_i \quad \cdots\cdots (B.3)$$

式中：

F_s——边坡稳定系数；

c_i——第 i 条块内聚力（kPa）；

φ_i——第 i 条块内摩擦角（°）；

l_i——第 i 条块滑面长度（m）；

θ_i——第 i 条块滑面倾角（°），滑动倾向与滑动方向相同进取正，滑动倾向与滑动方向相反取负；

U_i——第 i 条块滑面单位宽度总水压力（kN/m）；

G_i——第 i 条块滑面单位宽度自重（kN/m）；

G_{bi}——第 i 条块滑面单位宽度竖向附加荷载（kN/m）；

Q_i——第 i 条块滑面单位宽度水平荷载（kN/m）；方向指向坡外取正值，指向坡内取负值；

h_{wi}, h_{wi-1}——第 i 及 $i-1$ 计算条块滑面前端水头高度（m）；

γ_w——水重度，取 10 kN/m³；

i——计算条块号,从后缘算起;

n——条块数量。

B.2 平面滑动面的岩质边坡稳定性系数可按下列公式计算(图 B.2):

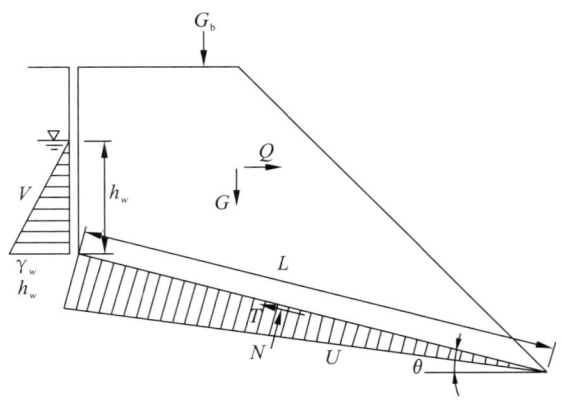

图 B.2 平面滑动简图

$$F_s = R/T \quad\quad\quad\quad (B.4)$$
$$R = [(G+G_b)\cos\theta - Q\sin\theta - V\sin\theta - U]\tan\varphi + cl \quad\quad (B.5)$$
$$T = (G+G_b)\sin\theta + Q\cos\theta + V\cos\theta \quad\quad (B.6)$$
$$V = 1/2\gamma_w h_w^2 \quad\quad\quad\quad (B.7)$$
$$U = 1/2\gamma_w h_w l \quad\quad\quad\quad (B.8)$$

式中:

T——滑体单位宽度重力及其他外力引起的下滑力(kN/m);

R——滑体单位宽度重力及其他外力引起的抗滑力(kN/m);

c——滑面黏聚力(kPa);

φ——滑面内摩擦角(°);

l——滑面长度(m);

G——滑体单位宽度自重(kN/m);

G_b——滑体单位宽度竖向附加荷载(kN/m);

θ——滑面倾角(°);

U——滑面单位宽度总水压力(kN/m);

V——后缘陡倾裂隙面上的单位宽度总水压力(kN/m);

Q——滑体单位宽度水平荷载(kN/m);

h_w——后缘陡倾裂隙充水高度(m),根据裂隙情况及汇水条件确定。

B.3 软弱结构面明确的折线形滑动面的边坡可采用传递系数法隐式解,边坡稳定性系数可按下列公式计算(图 B.3):

$$P_n = 0 \quad\quad\quad\quad (B.9)$$
$$P_i = P_{i-1}\psi_{i-1} + T_i - R_i/F_s \quad\quad (B.10)$$
$$\psi_{i-1} = \cos(\theta_{i-1} - \theta_i) - \sin(\theta_{i-1} - \theta_i)\tan\varphi_i/F_s \quad\quad (B.11)$$
$$T_i = (G_i + G_{bi})\sin\theta_i + Q_i\cos\theta_i \quad\quad (B.12)$$
$$R_i = c_i l_i + [(G_i + G_{bi})\cos\theta_i - Q_i\sin\theta_i - U_i]\tan\varphi_i \quad\quad (B.13)$$

式中：

P_n——第 n 条块单位宽度剩余下滑力（kN/m）；

P_i——第 i 条块与第 $i+1$ 计算条块单位宽度剩余下滑力（kN/m）；当 $P_i<0(i<n)$ 时取 $P_i=0$；

T_i——第 i 条块单位宽度重力及其他外力引起的下滑力（kN/m）；

R_i——第 i 条块单位宽度重力及其他外力引起的抗滑力（kN/m）；

ψ_{i-1}——第 $i-1$ 计算条块对第 i 计算条块的传递系数；其他符号同前。

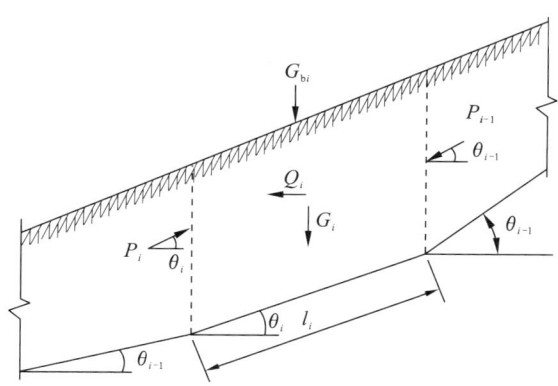

B.3 折线形滑面边坡传递系数法计算简图

注：在用折线形滑面计算滑坡推力时，应将公式（B.10）和公式（B.11）中的稳定系数 F_s 替换为安全系数 F_{st}，以此计算的 P_n 即为滑坡的推力。

附 录 C
（资料性附录）
边坡稳定坡率

C.1 土质边坡允许坡率参考值见表 C.1。

表 C.1 土质边坡坡率允许值

土的类别	密实度或状态	边坡高度/m	
		5 m 以下	5 m～10 m
碎石土	密实 中密 稍密	1：0.35～1：0.50 1：0.50～1：0.75 1：0.75～1：1.00	1：0.50～1：0.75 1：0.75～1：1.00 1：1.00～1：1.25
粉土（地下水位以上）	稍湿	1：1.00～1：1.25	1：1.25～1：1.50
老黏性土	坚硬 硬塑	1：0.75～1：1.00 1：1.00～1：1.50	1：1.00～1：1.50 1：1.50～1：2.00
一般黏性土	可塑	1：1.25～1：2.00	1：2.00～1：3.00

注1：本表中的碎石土，其充填物为坚硬或硬塑状的黏性土。
注2：砂土或充填物为砂土的碎石土，其边坡允许坡率值按自然休止角确定。

C.2 岩质边坡根据岩体类型、风化破碎程度以及边坡高度等因素，允许边坡坡率可参照表C.2。

表 C.2 岩质边坡允许坡率参考值

边坡岩体类型	风化程度	坡率允许值（高宽比）		
		$H<8$ m	8 m$\leqslant H<$15 m	15 m$\leqslant H<$25 m
Ⅰ类	未（微）风化	1：0.00～1：0.10	1：0.10～1：0.15	1：0.15～1：0.25
	中等风化	1：0.10～1：0.15	1：0.15～1：0.25	1：0.25～1：0.35
Ⅱ类	未（微）风化	1：0.10～1：0.15	1：0.15～1：0.25	1：0.25～1：0.35
	中等风化	1：0.15～1：0.25	1：0.25～1：0.35	1：0.35～1：0.50
Ⅲ类	未（微）风化	1：0.25～1：0.35	1：0.35～1：0.50	—
	中等风化	1：0.35～1：0.50	1：0.50～1：0.75	—
Ⅳ类	中等风化	1：0.50～1：0.75	1：0.75～1：1.00	—
	强风化	1：0.75～1：1.00	—	—

注1：H——边坡高度。
注2：Ⅳ类强风化包括各类风化程度的极软岩。
注3：全风化岩体可按土质边坡坡率取值。

附 录 D
（规范性附录）
锚杆与格构连接结构图

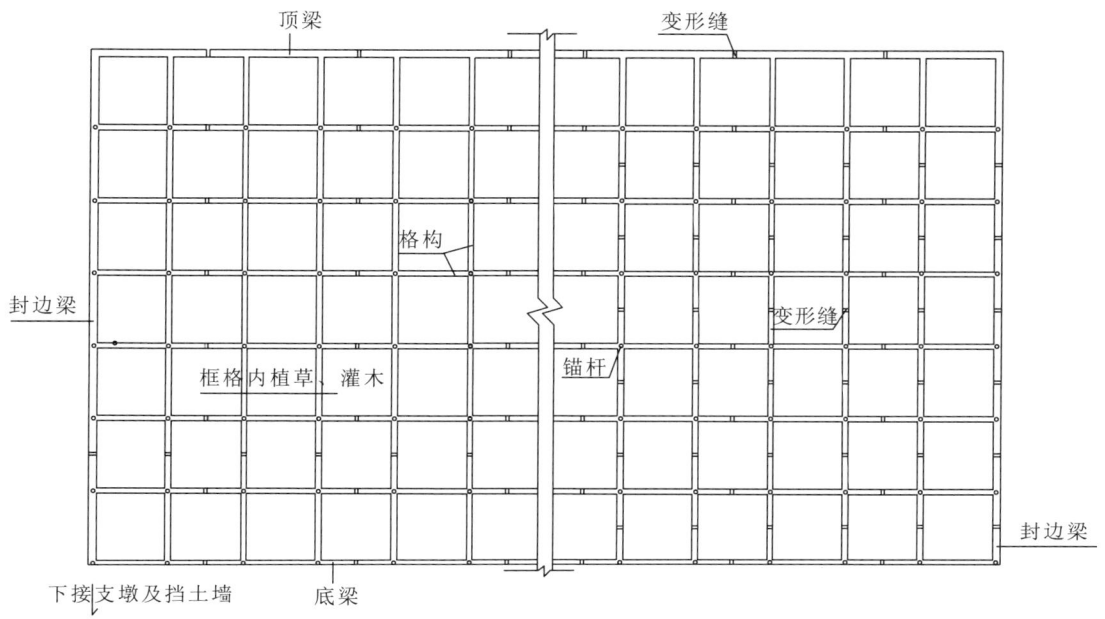

图 D.1 格构坡面布置图

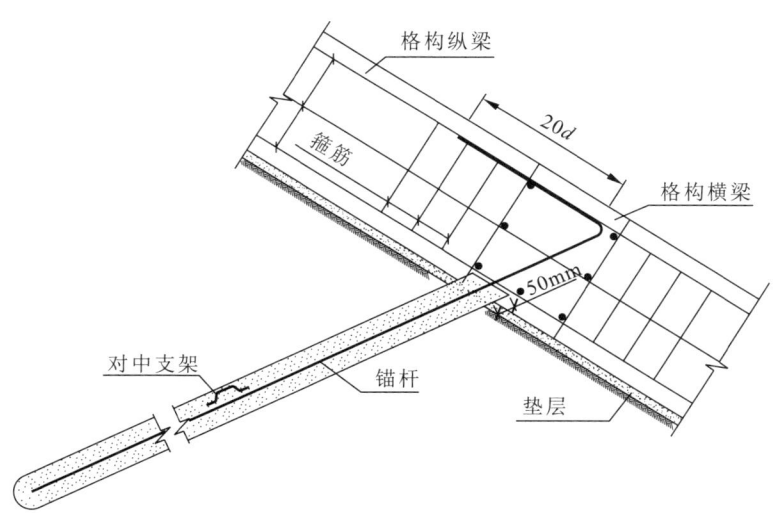

图 D.2 锚杆与格构连接结构图

# 附 录 E
（资料性附录）
格构设计计算——倒梁法

E.1 基本假定

a) 将坡面反力视为作用在框架上的荷载，把锚杆作用点看作支座，将框架梁视为倒置的交叉梁，建立力学设计计算模型；
b) 假定整个框架梁为刚性，坡面反力呈均匀直线分布，将横梁和纵梁看成相互独立的连续梁；
c) 将锚杆力简化成在框架梁节点处施加一个集中荷载，按照同一节点处挠度相等的原理，可以通过叠加原理将锚杆力分别分配到各自梁上，然后按照条形弹性地基梁进行计算；
d) 由于纵、横梁使用相同的截面尺寸，节点荷载可近似按纵横梁间距来分配到两个方向的梁上，不必考虑计算较为烦琐的节点处变形协调及重叠框架梁面积的应力修正；
e) 计算中可忽略梁自重对其内力的影响。

E.2 格构设计计算

E.2.1 设计条件

边坡坡度 α，坡高 H。格构梁横向间距 a，悬臂段 a_1；纵向间距 b，悬臂段 b_1。锚杆水平夹角 β，格构节点锚杆承受拉力值设计值为 T_1（即锚杆作用在格构梁上的斜压力）。横梁与纵梁截面尺寸相同。格构梁与锚杆坡面防护断面图见示意图 E.1，格构锚固单元平面图见示意图 E.2。

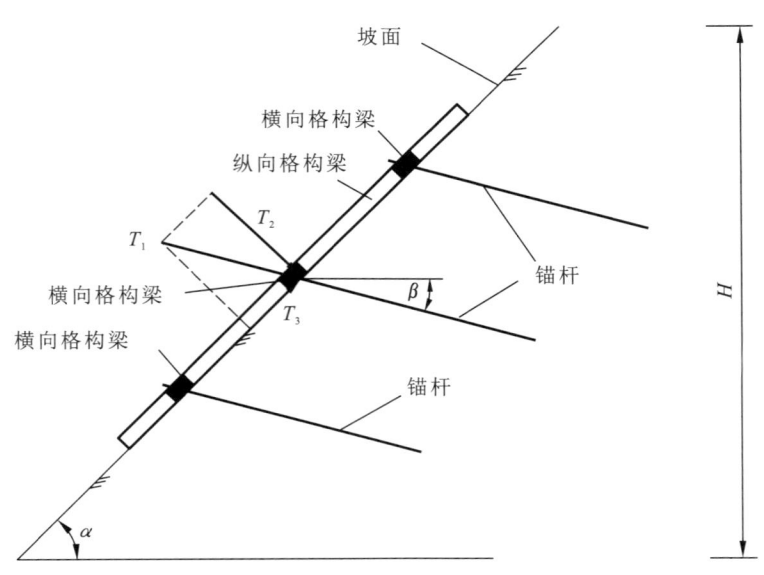

图 E.1 锚固格构坡面防护断面示意图

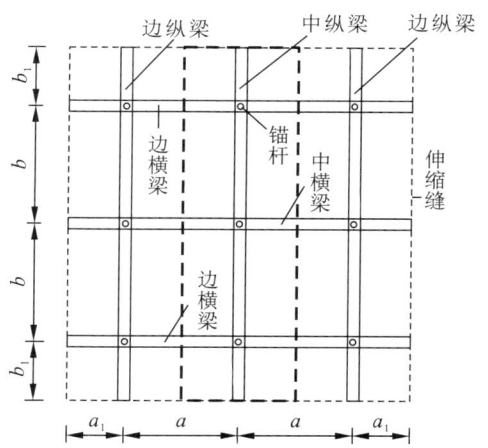

图 E.2 格构锚固单元平面示意图

E.2.2 锚杆作用于格构梁的正压力值的计算

$$T_2 = KT_1\cos[90-(\alpha+\beta)] \quad \quad \quad \quad \quad (E.1)$$

式中：

T_2——锚杆作用于格构梁的正压力值(kN)；

T_1——锚杆承受的拉力值设计值(kN)；

α——坡角(°)；

β——锚杆倾角(°)；

K——锚杆超张拉锁定值与设计值的比例系数，一般为1.10～1.15。

E.2.3 格构中纵梁的弯矩的计算

格构中纵梁的弯矩的计算简图如图 E.3。

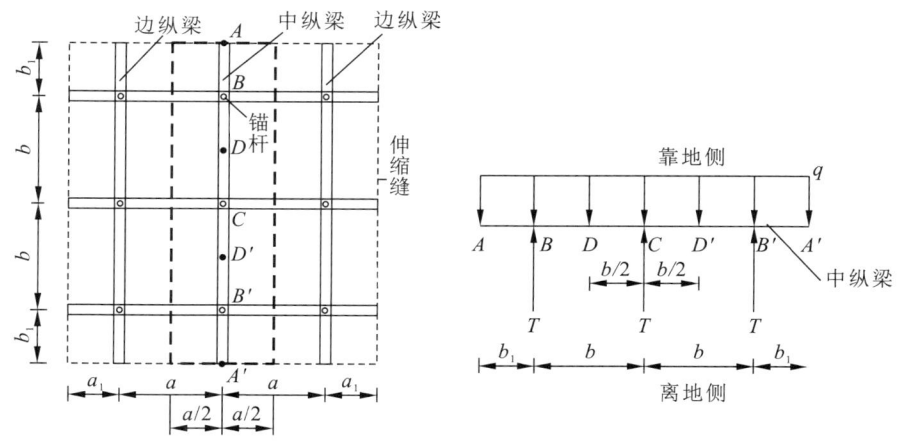

图 E.3 锚固格构中纵梁的弯矩计算简图

格构中纵梁靠地侧的均布荷载 q：

$$q = \frac{3 \times T_2}{(3a + 2b + 2b_1)} \quad\quad\quad\quad\quad\quad\quad\quad（\text{E.}2）$$

格构中纵梁锚杆节点 B、C、B' 处的反力 T：

$$T = \frac{1}{2} \times q \times \frac{l_{AA'}^2}{(l_{AB} + l_{AC} + l_{AB'})} = \frac{1}{2} \times q \times \frac{4(b+b_1)^2}{3(b_1+b)} \quad\quad（\text{E.}3）$$

格构中纵梁锚杆节点 B、B' 处的弯矩：

$$M_B = M_{B'} = \frac{1}{2} \times q \times l_{AB}^2 = \frac{1}{2} \times q \times b_1^2 \quad\quad\quad\quad\quad（\text{E.}4）$$

格构中纵梁锚杆节点 C 处的弯矩：

$$M_C = \frac{1}{2} \times q \times l_{AC}^2 - T \times l_{BC} = \frac{1}{2} \times q \times (b+b_1)^2 - T \times b \quad\quad（\text{E.}5）$$

格构中纵梁两跨中点 D、D' 处的弯矩：

$$M_D = M_{D'} = \frac{1}{2} \times q \times l_{AD}^2 - T \times l_{BD} = \frac{1}{2} \times q \times \left(\frac{1}{2}b + b_1\right)^2 - T \times \frac{1}{2}b \quad\text{……}（\text{E.}6）$$

格构中纵梁的弯矩如图 E.4 所示：

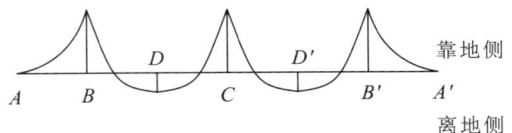

图 E.4　格构中纵梁的弯矩计算结果示意图

格构边纵梁、中横梁和边横梁弯矩计算方法依此类推。

E.2.4　格构梁配筋计算

根据以上计算结果，确定靠地侧和离地侧的最大弯矩值，并按下式确定梁底和梁顶的配筋：

$$A_s = \frac{M_{max}}{0.87 h_0 f_y} \quad\quad\quad\quad\quad\quad\quad\quad\quad\quad（\text{E.}7）$$

式中：

A_s——梁底或梁顶的配筋面积（mm^2）；

M_{max}——靠地侧或离地侧的最大弯矩值（N·mm）；

h_0——梁的有效高度（mm）；

f_y——钢筋的抗拉强度设计值（N/mm^2）。

当梁的高度较大时，应配置适量的侧向钢筋，并且配筋率应满足相关规范要求。

附 录 F
（资料性附录）
砌体坡面防护大样图

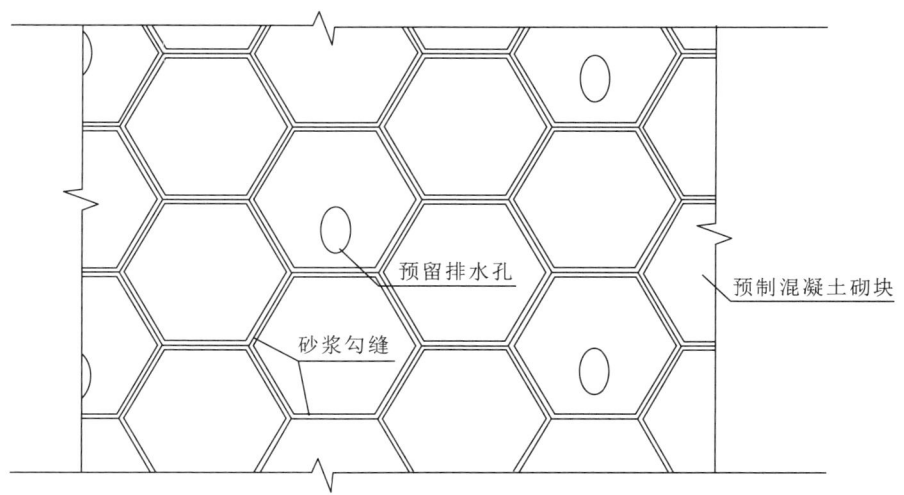

图 F.1 预制混凝土砌块坡面防护大样图

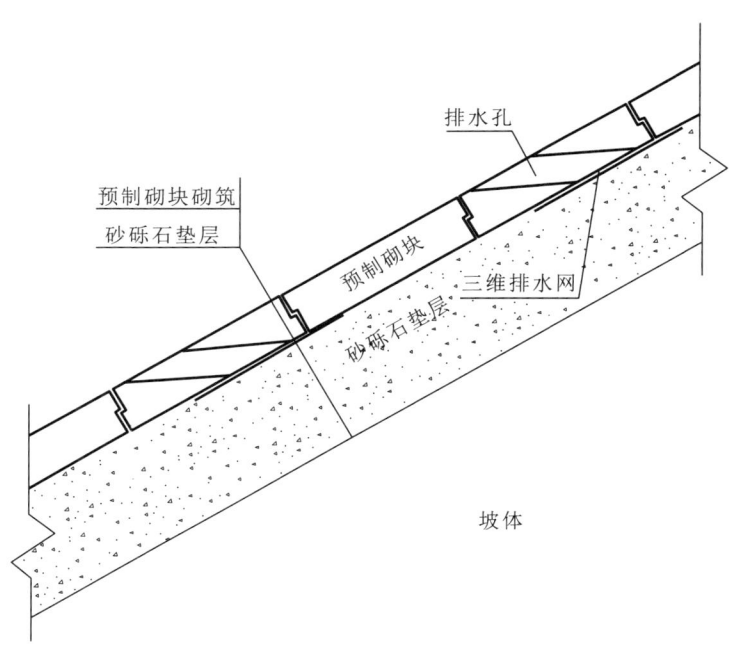

图 F.2 预制砌块坡面防护典型剖面图

附 录 G
（资料性附录）
喷锚支护大样图

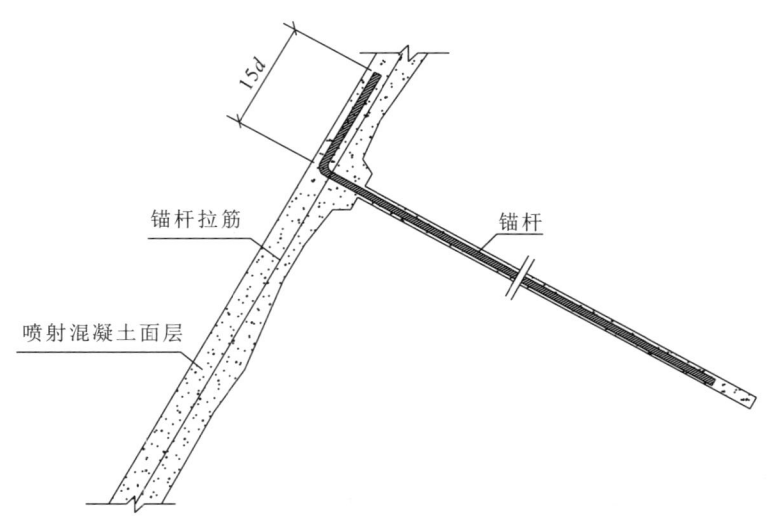

图 G.1 锚杆大样图

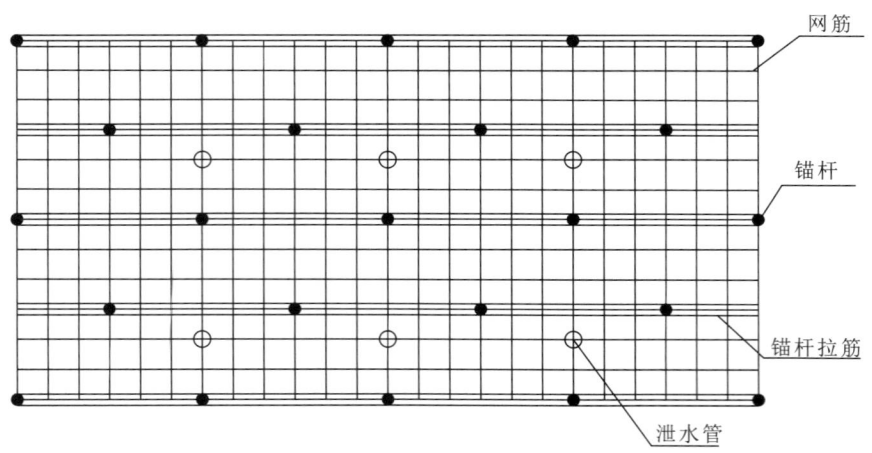

图 G.2 喷锚挂网大样图（加强筋水平布置）

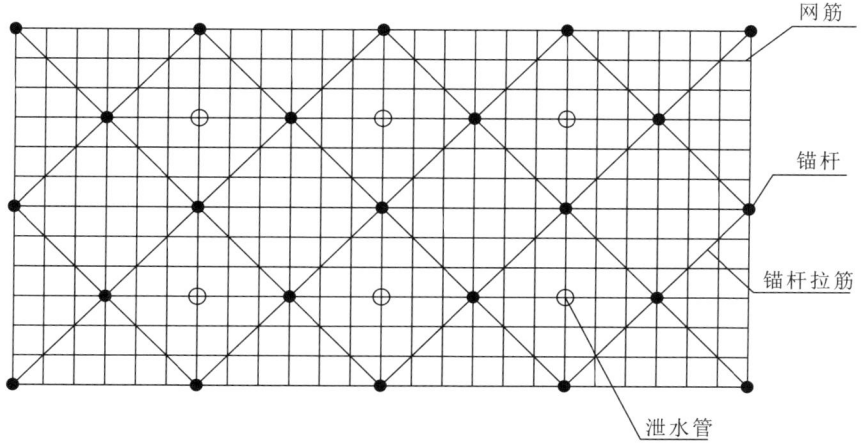

图 G.3 喷锚挂网大样图(加强筋菱型布置)

附 录 H
（资料性附录）
主、被动防护网设计计算

H.1 主动防护网设计计算

H.1.1 主动防护网锚杆最小抗剪力计算

a) 锚杆剪切力计算模型见图 H.1，基本计算公式如下式：

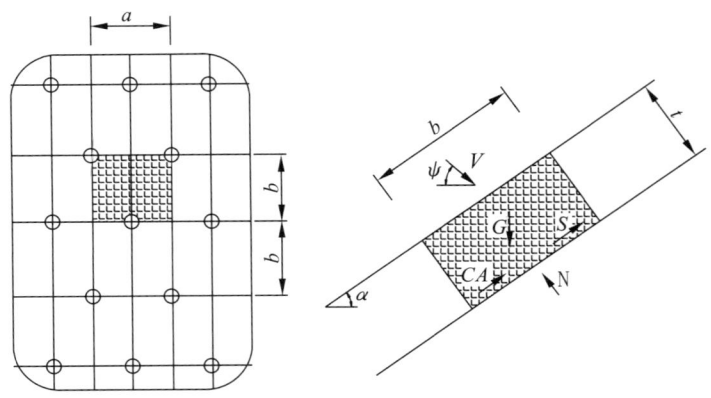

图 H.1 主动防护网锚杆抗剪力计算模型图

$$S = \frac{F_m G \sin\alpha - F_m V \cos(\psi+\alpha) - [G\cos\alpha + V\sin(\psi+\alpha)]\tan\varphi - CA}{F_m}$$

……………（H.1）

式中：

S——锚杆承担的剪切力（kN）；
G——单元体自重（kN），$G = ab t\gamma$；
V——锚杆施加的预应力（kN）；
C——单元体底滑动面的内聚力（kPa）；
A——单元体底面积（m²），$A = ab$；
N——下伏地层的法向反作用力（kN）；
α——坡面及滑动面与水平面的夹角（°）；
ψ——锚杆与水平面的夹角（°）；
φ——覆盖层的内摩擦角（°）；
γ——覆盖层的重度（kN/m³）；
F_m——模型不稳定性修正系数，一般取 1.05～1.20。

b) 锚杆最小剪切力设计计算公式如下式：

$$S_d = \frac{F_m G_d \sin\alpha - F_m V_d \cos(\psi+\alpha) - [G_d\cos\alpha + V_d\sin(\psi+\alpha)]\tan\varphi_d - C_d A}{F_m}$$

……………（H.2）

式中：
S_d——锚杆最小抗剪力计算值（kN）；
C_d——单元体底滑动面的内聚力设计计算采用值（kPa），$C_d = C/F_c$，F_c 为内聚力不确定性修正系数，$F_c = 1.5 \sim 1.8$；
φ_d——单元体土体内摩擦角设计计算采用值（°），$\tan\varphi_d = \tan\varphi/F_\varphi$，$F_\varphi$ 为单元体土体内摩擦角不确定性修正系数，$F_\varphi = 1.15 \sim 1.35$；
γ_d——单元体土体重度设计计算采用值（kN/m³），$\gamma_d = \gamma/F_\gamma$，$F_\gamma$ 为单元体土体重度不确定性修正系数，多采用 $F_\gamma = 1.0$；
G_d——单元体自重设计计算采用值（kN），$G_d = abt\gamma_d$；
V_d——预应力设计计算采用值（kN），$V_d = VF_V$，多采用 $F_V = 0.8$。
其他符号同前式。

H.1.2 平行于坡面整体滑动的安全性验算

a) 平行于边坡的锚杆抗滑验算：

$$S_d \leqslant S_R/F_S \quad\quad\quad\quad (H.3)$$

式中：
S_R——由锚杆材料强度计算或试验确定的锚杆极限抗剪强度值（kN）；
F_S——锚杆抗剪安全系数，$F_S = 1.1 \sim 1.3$。
其他符号同前式。

b) 格栅抗顶破验算：

$$V_{d1} \leqslant D_R/F_{DR} \quad\quad\quad\quad (H.4)$$

式中：
V_{d1}——锚杆预应力设计计算采用值（kN），$V_{d1} = VF_{V1}$，F_{V1} 为锚杆预应力修正系数，取 1.2；
D_R——格栅沿锚杆方向的极限抗顶破能力（kN）；
F_{DR}——格栅抗顶破安全系数，$F_{DR} = 1.4 \sim 1.6$。
其他符号同前式。

c) 锚杆复合承载能力验算：

$$(V_{d1} F_{VR}/V_R)^2 + (S_d F_{SR}/S_R)^2 \leqslant 1.0 \quad\quad\quad\quad (H.5)$$

式中：
F_{VR}——复合应力状态下锚杆抗拉安全系数，$F_{VR} = 1.05 \sim 1.20$；
V_R——由锚杆材料强度计算或试验确定的锚杆极限抗拉能力（kN）；
F_{SR}——复合应力状态下锚杆抗剪安全系数，$F_{SR} = 1.05 \sim 1.20$。
其他符号同前式。

H.2 被动防护网设计计算

H.2.1 滚石运动速度计算

a) 单一坡度山坡滚石运动速度。包括山坡是台阶式的，但各台阶的高度小于 5 m，及山坡为折线型，但各段长度小于 10 m 或相邻坡度差在 5°以内者。计算模型见图 H.2，计算公式如下：

$$V = \mu\sqrt{2gH} = \varepsilon\sqrt{H} \quad\quad\quad\quad (H.6)$$

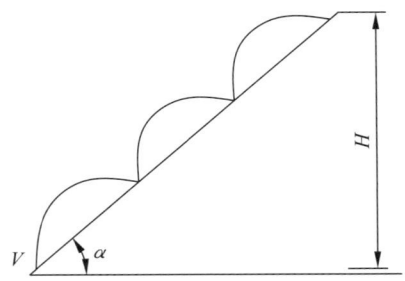

图 H.2 单一坡度的山坡滚石速度计算示意图

$$\mu = \sqrt{1 - K\cot\alpha} \quad \cdots\cdots\cdots\cdots\cdots\cdots\cdots\cdots\cdots\cdots\cdots (H.7)$$

$$\varepsilon = \mu\sqrt{2g} \quad \cdots\cdots\cdots\cdots\cdots\cdots\cdots\cdots\cdots\cdots\cdots\cdots (H.8)$$

式中：

H——石块坠落高度(m)；

g——重力加速度(m/s²)；

α——山坡坡度角(°)；

K——石块沿山坡运动受一切有关因素综合影响的阻力特性系数，取值见表 H.1。

表 H.1 阻力特性系数 K 值计算公式表

顺序	山坡坡度角	K 值计算公式
1	0°～30°	$K = 0.41 + 0.0043\alpha$
2	30°～60°	$K = 0.543 - 0.0048\alpha + 0.000162\alpha^2$
3	60°～90°	$K = 1.05 - 0.0125\alpha + 0.0000025\alpha^2$
注：K 值计算公式可用于有下列情况的山坡：①$\alpha \geqslant 45°$基岩外露的山坡；②$\alpha = 35°\sim 45°$基岩外露，局部有草和稀疏灌木的山坡；③$\alpha = 30°\sim 35°$有草、稀疏灌木，局部基岩外露的山坡；④$\alpha = 25°\sim 30°$有草、稀疏灌木。		

b) 折线形山坡的滚石运动速度。缓山坡的坡度角 $\alpha < 30°$，陡坡段坡度角 $\alpha \leqslant 80°$，坡段长超过 10 m，相邻坡段的坡度角相差 5°以上。计算模型见图 H.3，计算公式如下：

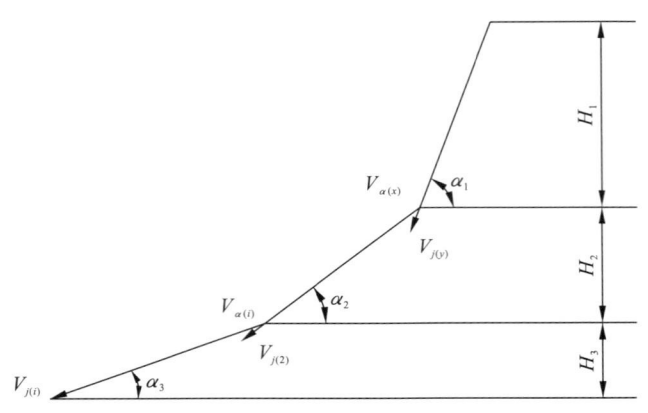

图 H.3 折线形山坡的山坡滚石速度计算示意图

最高一个坡段坡脚的速度按单一坡度山坡滚石运动计算,其余坡段终端速度为:

$$V_{j(i)} = \sqrt{V_{a(i)}^2 + 2gH_1(1-K_i\cot\alpha_1)} = \sqrt{V_{a(i)}^2 + \varepsilon^2 \times H_1} \quad\cdots\cdots\cdots\cdots(H.9)$$

式中:

$V_{a(i)}$——石块运动所考虑坡段的起点的初速度(m/s);

当 $\alpha_{i-1} > \alpha_i$ 时,$V_{a(i)} = V_{j(i-1)}\cos(\alpha_{(i-1)} - \alpha_i)$;

当 $\alpha_{i-1} < \alpha_i$ 时,$V_{a(i)} = V_{j(i-1)}$;

α_i、α_{i-1}——所考虑坡段的坡度角(°);

$V_{j(i-1)}$——石块在前一坡段终端的运动速度(m/s)。

c) 折线形山坡的滚石运动速度。上部坡段为极陡坡 $\alpha > 60°$,其高度超过 10 m,下部坡段坡度较缓。计算模型见图 H.4,计算公式如下:

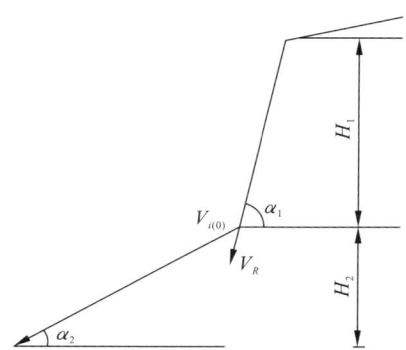

图 H.4 折线形山坡的山坡滚石速度计算示意图

石块从陡坡上坠落至坡脚时的速度 V_R 的计算公式为:

$$V_R = \varepsilon_1 \sqrt{H_1} \quad\cdots\cdots\cdots\cdots\cdots\cdots\cdots\cdots\cdots\cdots\cdots\cdots(H.10)$$

石块自坡脚向前运动的反射切线分速度:

$$V_{i(0)} = (1-\lambda)V_R \cdot \cos(\alpha_1 - \alpha_2) \quad\cdots\cdots\cdots\cdots\cdots(H.11)$$

石块运动至较缓坡段末端处的速度为:

$$V_i = \sqrt{V_{i(0)}^2 + \varepsilon_2^2 \times H_2} \quad\cdots\cdots\cdots\cdots\cdots\cdots\cdots\cdots(H.12)$$

式中:

λ——石块冲击到缓坡上的瞬间摩擦系数,取值见表 H.2;

ε_1、ε_2——陡坡段的计算速度系数;

H_1、H_2——坡段高度(m);

α_1、α_2——坡度角(°)。

表 H.2 瞬间摩擦系数 λ 和恢复系数 ρ

序号	山坡表层覆盖物的情况	瞬间摩擦系数 λ	恢复系数 ρ
1	基岩外露	0.1	0.7
2	密实的岩块堆积层	0.3	0.5
3	长有草皮的光滑坡面	0.1	0.3
4	松散的坡积层、堆积层等	0.4	0.3
5	基岩埋藏不深(≤0.5m)的山坡	0.3	0.5

H.2.2 滚石弹跳高度计算

落石弹跳高度计算主要是求算石块运动轨迹与山坡面的最大偏离,落石的运动形式按照质点或球体在斜坡上的运动轨迹曲线来表示(图 H.5)。

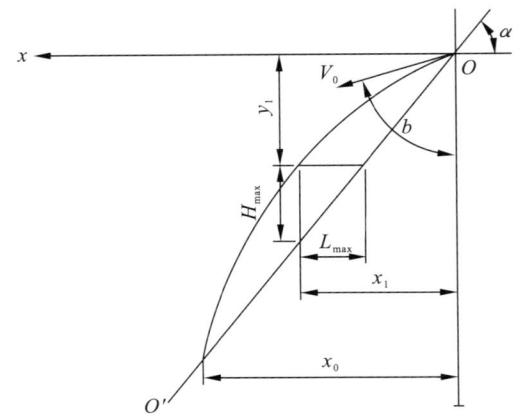

图 H.5 滚石运动轨迹曲线图

拦截构筑物设在缓坡段,滚石运动轨迹的方程式为:

$$y = x\tan\gamma - gx^2/2v_0^2 \cdot \cos^2\gamma \qquad (H.13)$$

式中:

γ——反射角(°),$\tan\gamma = \rho/(1-\lambda)\tan\varphi$;

V_0——反射速度(m/s),$v_0 = (1-\lambda)v_R \cdot \cos\varphi/\cos\gamma$;

v_R——岩石撞击地面的速度(m/s);

ρ——恢复系数,取值见表 H.2;

λ——瞬间摩擦系数;

φ——入射角(°),通常用山坡坡度角作为入射角。

H.2.3 落石的冲击动能计算

$$E = 1.2 \times \frac{1}{2}mv^2 \qquad (H.14)$$

式中:

m——落石的质量(kg);

v——落石的速度(m/s)。

H.2.4 落石的落距计算

计算模型见图 H.6,当末速度 $v_t = 0$ 时,可求得 $\sum L_i$,而 $\sum L_i \cos d_i$ 就是落石的最大水平运动距离。

$$\sum mg\Delta h_i = \frac{1}{2}m(v_i^2 - v_t^2) + \sum mg\cos d_i \times \tan\varphi \times L_i \qquad (H.15)$$

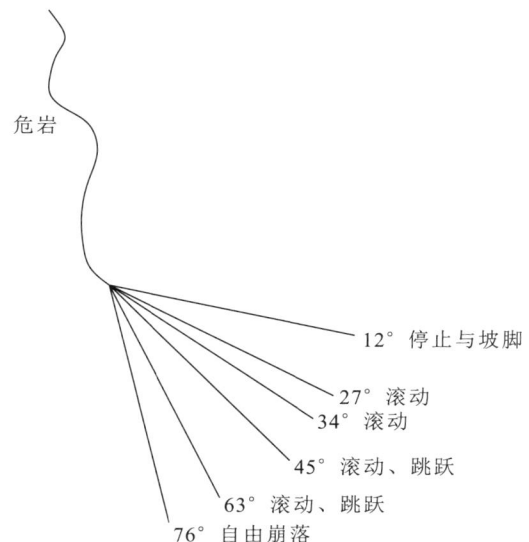

图 H.6 崩塌破坏运动示意图

式中：
v_i——落石在斜坡面上任意位置处所具有的速度(m/s)；
v_t——落石碰撞地面时的切向速度(m/s)，$v_t = v\cos\alpha$；
d_i——各直线段斜坡的平均坡度(°)；
Δh_i——各直线段斜坡的铅直高度(m)；
φ——落石与坡面的综合摩擦角(°)，可按平均坡度加1°计；
L_i——各直线段斜坡长度(m)。

附 录 I
（资料性附录）
植被绿化物种选择

表 I.1 不同气候带适应种植的草种

气候带	气候特征	气候带所在位置	适宜草种
寒温带	1月平均气温低于-30 ℃；7月平均温度为16 ℃～18 ℃。年降水300 mm～500 mm。生长季3个月	仅在大兴安岭北部的根河地区	早熟禾、紫羊茅、翦股颖
中温带	1月平均气温-30 ℃～-12 ℃；7月气温在20 ℃～26 ℃。年降水从湿润区的600 mm～800 mm到干旱区的50 mm～60 mm以下。全年生长季3.5个月～5.5个月	从东北地区一直延伸到新疆,包含了从湿润到干旱各种气候类型	早熟禾、高羊茅、翦股颖、黑麦草、细羊茅
暖温带	1月平均气温-12 ℃～0 ℃,黄淮海、渭河、汾河流域属亚湿润气候。年降水从500 mm～600 mm到800 mm～900 mm,降水集中在7月～8月；新疆南部属极干旱气候,年降水在50 mm～60 mm以下。全年生长季5.5个月～7.5个月	主要位于黄淮海、渭河、汾河流域以及新疆南部	早熟禾、黑麦草、高羊茅、翦股颖、细羊茅、野牛草
北亚热带	1月平均气温0 ℃～4 ℃及3 ℃～6 ℃。东部年降水量900 mm～1 600 mm,有伏旱现象；西部的云南北部地区内有明显的干湿现象。全年生长季7.5个月～8个月	主要位于长江中下游、汉水流域、贵州中部和云南北部	狗牙根、结缕草、高羊茅、早熟禾、翦股颖、黑麦草、野牛草
中亚热带	1月平均气温4 ℃～10 ℃。年降水量1 000 mm～1 800 mm。全年生长季8个月～9.5个月	主要位于长江中下游南部、四川盆地及云南中部	狗牙根、结缕草、高羊茅、早熟禾、翦股颖、黑麦草、钝叶草、假俭草、画眉草、野牛草
南亚热带	1月平均气温10 ℃～15 ℃。东部年降水量1 600 mm～2 000 mm；西部的云南南部年降水量为1 000 mm～1 500 mm。全年生长季9.5个月～12个月	主要位于中国台湾南部和中部,福建、广东、广西三省的大部和云南南部	狗牙根、结缕草、钝叶草、野牛草、假俭草
边缘热带	1月平均气温15 ℃～26 ℃。本带内海南岛西部和云南之间降水量在1 000 mm；其余降水量1 200 mm～2 400 mm,为湿润气候型。全年均为生长季	主要位于中国台湾南部、东沙群岛、雷州半岛、海南岛及云南南部河谷地区	狗牙根、结缕草、钝叶草
中热带	1月平均气温20 ℃～26 ℃,极端最低气温为15 ℃左右。本带属湿润气候型,年降水量1 000 mm左右,6月～11月为湿季,12月～5月为干季	包括从中国台湾南端恒春到海南岛乐东县以南的西沙群岛和中沙群岛的南海北部海域	狗牙根、结缕草、钝叶草、野牛草
赤道热带	1月平均气温高于26 ℃。本带属湿润气候型,年降水量1 500 mm～2 000 mm,有干湿季之分	包括南沙群岛至曾母暗沙的南海南部海域	狗牙根、结缕草、钝叶草、野牛草

表 I.2 我国各地区主要选用的灌木类

地区	灌木树种
东北区	胡枝子、沙棘、兴安刺玫、黄刺玫、刺五加、毛榛、榛子、树锦鸡儿、小叶锦鸡儿、柠条锦鸡儿、紫惠槐、杨柴
三北区	杨柴、锦鸡儿、柠条、花棒、踏朗、梭梭、白梭梭、蒙古沙拐枣、毛条、沙柳、紫惠槐
黄河区	绣线菊、虎榛子、黄蔷薇、柄扁桃、沙棘、胡枝子、胡颓子、多花木兰、白刺花、山楂、柠条、荆条、黄栌、六道木、金露梅
北方区	黄荆、胡枝子、酸枣、柽柳、杞柳、绣线菊、照山白、胡枝子、荆条、金露梅、杜鹃、高山柳、紫惠槐
长江区	三棵针、狼牙齿、小檗、绢毛蔷薇、报春、爬柳、密枝杜鹃、山胡椒、山苍子、紫惠槐、马桑、乌药
南方区	爬柳、密枝杜鹃、紫惠槐、胡枝子、夹竹桃、字字栎、木包树、茅栗、化香、白檀、海棠、野山楂、冬青、红果钓樟、水马桑、蔷薇、紫惠槐、黄荆、车桑子
热带区	蛇藤、米碎叶、龙须藤、小果南竹、紫惠槐、桤木、杜鹃

中国地质灾害防治工程行业协会团体标准

坡面防护工程设计规范(试行)

T/CAGHP 027—2018

条 文 说 明

目　次

1 范围 … 67
2 规范性引用文件 … 67
3 术语和符号 … 67
4 基本规定 … 67
　4.1 一般规定 … 67
　4.2 坡面防护形式及安全等级 … 68
　4.3 坡面防护设计原则 … 68
5 稳定性计算及评价 … 69
　5.1 一般规定 … 69
　5.2 稳定性计算 … 69
　5.3 稳定性评价 … 70
6 削方整形与填坡 … 70
　6.1 一般规定 … 70
　6.2 削方整形 … 71
　6.3 填坡 … 71
7 格构锚固坡面防护 … 71
　7.1 一般规定 … 71
　7.2 锚杆(索)设计 … 72
　7.3 格构设计 … 73
8 砌体坡面防护 … 73
　8.1 一般规定 … 73
　8.2 砌石坡面防护 … 74
　8.3 砌块坡面防护 … 74
9 喷锚坡面防护 … 74
　9.1 一般规定 … 74
　9.2 设计计算 … 75
　9.3 喷锚构造 … 75
10 柔性防护网坡面防护 … 75
　10.1 一般规定 … 75
　10.2 主动防护网 … 77
　10.3 被动防护网 … 77
11 挡土墙坡面防护 … 78
　11.1 一般规定 … 78
　11.2 挡土墙计算 … 78
　11.3 挡土墙构造 … 79

12 生态坡面防护	79
12.1 一般规定	79
12.2 喷播坡面防护	80
12.3 种植坡面防护	80
13 其他坡面防护	80
13.1 边坡排水	80
13.2 加筋土挡土墙	81
13.3 格宾坡面防护	82
13.4 轻量土坡面防护	82
14 监测设计	82
15 试验与检验	83
15.1 试验	83
15.2 检验	84

T/CAGHP 027—2018

坡面防护工程设计规范(试行)

1 范围

本规范适用于危及人类生命财产、建(构)筑物安全的人工边坡和自然斜坡的坡面防护工程设计。

本规范适用于浅表坡体变形及坡面防护设计。

坡面防护工程应在稳定边坡上设置。对于边坡稳定性不足和存在不良地质因素的坡段，应先采用治理措施保证边坡整体安全性，再采取坡面防护措施，坡面防护措施应能保持自身稳定。

2 规范性引用文件

3 术语和符号

3.1.5 本规范中格构仅指钢筋混凝土框格结构，浆砌石框格结构归类为砌石防护。

4 基本规定

4.1 一般规定

4.1.1 制定本规范的主要目的是使坡面防护设计标准化，符合技术先进、安全适用、经济合理、确保质量、保护环境的要求，以保障坡面防护工程建设健康发展。

4.1.5 对于岩质边坡高度超过 30 m，或土质边坡高度超过 15 m 的高边坡坡面防护设计，应参考本规范的原则作专项设计，根据工程情况采取有效的加强措施以提高安全系数、增强可靠性。

4.1.6 边坡的使用年限指边坡工程的防护结构能发挥正常支护功能的年限，不应低于受保护对象的使用年限。对于重要的临时性工程使用年限为 1 年，使用年限超过 1 年按永久性工程设计。

4.1.8 坡体岩土层的抗剪强度参数应根据物理力学试验、地区经验参数、反演分析综合确定，其中反演分析工作极其重要。

4.1.9 坡面防护设计除考虑规范中所述工程地质、周边环境等因素外，还应收集当地条件类同的成功的坡面防护工程实例，以供设计参考和借鉴。

4.1.10 坡面防护结构对坡体增加荷载一般不利于坡体的稳定，故不宜采用重型结构。

4.1.11 治理区与非治理区之间应平稳过渡，做到相互影响甚少。所有这些结构设置的目的就是减少或消除过渡边界间的相互影响。

4.1.12 坡面防护设计应对涉及的各工程单元进行施工图设计，编制相应的施工图设计说明书；提出施工技术、施工组织和安全措施要求；并满足工程施工和工程招标要求；编制工程施工图件及说明，进行工程预算。

4.1.14 坡度大于 35°的高陡边坡锚固工程施工脚手架应进行稳定性验算，对超高超陡坡体，脚手架应由专业公司进行专门设计。

4.2 坡面防护形式及安全等级

4.2.1 综合考虑场地地质条件、边坡重要性及安全等级、施工可行性及经济性、选择合理的支护设计方案是设计成功的关键。为便于确定设计方案，本条介绍了工程中常用坡面防护形式所适用的条件，以供设计参考。

4.2.2 坡面防护工程结构宜选用两种或两种以上工程型式组合，并结合排水。

4.2.3 安全等级是支护工程设计根据不同的地质环境条件及工程具体情况加以区别对待的重要标准。安全等级界定应结合工程项目的重要性、地质灾害险情等级划分等综合确定，本条提出坡面防护安全等级分类，主要根据《建筑结构可靠度设计统一标准》按破坏后果严重性分为很严重、严重、不严重。根据可能造成的安全后果，将威胁人数大于100人定为一级，只造成财产损失，定为三级，其余定为二级。

对危害性极严重、环境和地质条件复杂的边坡工程，当安全等级已为一级时，主要通过组织专家进行专项论证的方式来保证坡面防护工程的安全性和合理性。

4.3 坡面防护设计原则

4.3.4 本条说明坡面防护工程设计的两类极限状态的相关内容。

a) 承载能力极限状态：锚杆设计采用综合安全系数法，以锚杆极限承载力为抗力的基本参数。

b) 正常使用极限状态：为保证支护结构的耐久性和防腐性达到正常使用极限状功能的要求，支护结构的钢筋混凝土构件的构造和抗裂应按 GB 50010 有关规定执行。锚杆是承受高应力的受拉构件，其锚固砂浆容易产生裂缝，计算一般难以满足规范要求，设计中应采取严格的防腐构造措施，保证锚杆的耐久性。

4.3.5 边坡抗震设防的必要性成为工程界的统一认识。边坡一旦破坏将直接危及到相邻的建筑，后果极为严重，因此边坡抗震设防与建筑物的基础同样重要。本条提出在坡面防护设计中应考虑抗震构造要求，其构造应满足 GB 50011 中的相应要求。

4.3.6 本条所列内容是支护结构承载力计算和稳定性计算的基本要求，是边坡工程满足承载力极限状态的具体内容，是支护结构安全的重要保证；设计时上述内容应认真计算，满足规范要求以确保工程安全。

4.3.7 动态设计法是本规范坡面防护工程设计的基本原则。当地质勘察参数难以准确确定、设计理论和方法带有经验性和类比性时，根据施工中反馈的信息和监控资料完善设计，是一种客观求实、准确安全的设计方法，可以达到以下效果：

a) 避免勘察结论失误。山区地质情况复杂、多变，受多种因素制约，地质勘察资料准确性的保证率较低，勘察主要结论失误造成边坡工程失败的现象不乏其例。因此规定地质情况复杂的一级边坡在施工开挖中补充"施工勘察"，收集地质资料，查对核实原地质勘察结论。这样可有效避免勘察结论失误而造成工程事故。

b) 设计者掌握施工开挖反映的真实地质特征、边坡变形量、应力测定值等，对原设计作校核和补充、完善设计，确保工程安全，设计合理。

c) 边坡变形和应力监测资料是加快施工速度或排危应急抢险，确保工程安全施工的重要依据。

d) 有利于积累工程经验，总结和发展边坡工程支护技术。

5 稳定性计算及评价

5.1 一般规定

5.1.1 定性分析和定量分析相结合的方法,指在边坡稳定性评价中,应以边坡地质结构、变形破坏模式、变形破坏与稳定性状态的地质判断为基础,根据边坡地质结构和破坏类型选取恰当的方法进行定量计算分析,并综合考虑定性判断和定量分析结果作出边坡稳定性评价。

5.1.2 传统成熟应用的边坡稳定性计算方法根据边坡破坏形式、组成岩性分为多类,除了选用适宜的计算模式外,还可综合考虑现行发展的计算机软件分析方法,如有限元法、有限差分法、离散元法等方法,充分发挥软件计算的优势。

5.1.3 边坡岩体破裂角是根据岩体强度、坡体结构类型、节理裂隙发育情况等综合确定,可参照各地区经验值。根据破裂角判断岩体可能的变形破坏深度,进而进行稳定性计算。

5.1.6 岩体因受结构面的影响,其抗剪强度是低于岩块的。研究表明,较之岩块,岩体的内摩擦角降低不大,而黏聚力却削弱很多。岩体内摩擦角标准值结合边坡岩体完整程度可按表1进行折减。

表 1 边坡岩体内摩擦角的折减系数

边坡岩体完整程度	内摩擦角的折减系数
完整	0.95~0.90
较完整	0.90~0.85
较破碎	0.85~0.80

注1:全风化层可按成分相同的土层考虑。
注2:强风化基岩可根据地方经验适当折减。

5.2 稳定性计算

5.2.1 根据边坡工程地质条件、可能的破坏模式以及已经出现的变形破坏迹象对边坡的稳定性状态作出定性判断,并对其稳定性趋势作出估计,是边坡稳定性分析的基础。

稳定性分析包括滑动失稳和倾倒失稳。滑动失稳可按本章方法进行;倾倒失稳尚不能用传统极限分析方法判定,可采用数值极限分析方法。

受岩土体强度控制的破坏,指地质结构面不能构成破坏滑动面,边坡破坏主要受边坡应力场和岩土体强度相对关系控制。

5.2.2 对边坡规模较小、结构面组合关系较复杂的块体滑动破坏,采用赤平极射投影法及实体比例投影法较为方便。

对于破坏机制复杂的边坡,难以采用传统的方法计算,目前国外和国内水利水电部门已广泛采用数值极限分析方法进行计算。数值极限分析方法与传统极限分析方法求解原理相同,只是求解方法不同,两种方法得到的计算结果是一致的,对复杂边坡传统极限分析方法无法求解,需要作许多人为假设,影响计算精度,而数值极限分析方法适用性广,不另作假设就可直接求得。

5.2.3 对于均质土体边坡,一般宜采用圆弧滑动面条分法进行边坡稳定性计算。岩质边坡发育3组以上结构面,且不存在优势外倾结构面组的条件下,可以认为岩体为各向同性介质,在斜坡规模相对较大时,其破坏通常按近似圆弧滑面发生,宜采用圆弧滑动面条分法计算。

通过边坡地质结构分析,存在平面滑动可能性的边坡,可采用平面滑动稳定性计算方法计算。

对于规模较大、地质结构较复杂，或者可能沿基岩与覆盖层界面滑动的情形，宜采用折线滑动面计算方法进行边坡稳定性计算。

对于圆弧形滑动面，本规范建议采用简化毕肖普法进行计算，通过多种方法的比较，证明该方法有很高的准确性，已得到国内外的公认。以往广泛应用的瑞典法，虽然求解简单，但计算误差较大，过于安全而造成浪费，所以瑞典法不再列入规范。

对于折线形滑动面，本规范建议采用传递系数法隐式解法。传递系数法有隐式解与显式解两种形式。显式解的出现是由于当时计算机不普及，对传递系数作了一个简化的假设，将传递系数中的安全系数值假设为1，从而使计算简化，但增加了计算误差。同时对安全系数作了新的定义，在这一定义中当荷载增大时只考虑下滑力的增大，不考虑抗滑力的提高，这也不符合力学规律。因而隐式解优于显式解，当前计算机已经很普及，应当回归到原来的传递系数法。

无论是隐式解法还是显式解法，传递系数法都存在一个缺陷，即对折线滑面有严格的要求，如果两滑面间的夹角（即转折点处的两倾角的差值）过大，就会出现不可忽视的误差。因而当转折点处的两倾角的差值超过10°时，需要对滑面进行处理，以消除尖角效应。一般可采用对突变的倾角作圆弧连接，然后在弧上插点，来减少倾角的变化值，使其小于10°，处理后，误差可以达到工程要求。

对于折线滑动面，国际上通常采用摩根斯坦－普赖斯法进行计算。摩根斯坦－普赖斯法是一种严格的条分法，计算精度很高，也是国外和国内水利水电部门等推荐采用的方法。由于国内许多工程界习惯采用传递系数法，通过比较，尽管传递系数法是一种非严格的条分法，如果采用隐式解法且两滑面间的夹角不大，该法也有很高的精度，而且计算简单，国内广为应用，我国工程师比较熟悉，所以本规范建议采用传递系数隐式解法。在实际工程中，也可采用国际上通用的摩根斯坦－普赖斯法进行计算。

5.2.5 本条中综合水平地震系数的取值是采用 GB 50023 中的值换算得到的。

5.3 稳定性评价

5.3.2 对于受雨水或地下水影响大的边坡工程，可结合当地做法，按暴雨工况计算，即按饱和重度与饱和状态时的抗剪强度参数。

规范中边坡安全系数是按通常情况确定的，特殊情况下，如坡顶存在重要建（构）筑物、油库等破坏后果严重，安全系数可适当提高。

6 削方整形与填坡

6.1 一般规定

6.1.1 削方整形是指控制边坡高度和坡度、无需对边坡进行支护而自身稳定的一种人工放坡设计方法。削方整形是一种比较经济、施工方便的边坡治理方法，对有条件的且地质条件简单的场地宜优先选用。

6.1.2 坡面防护工程实施前均应先进行坡面整形，既可使坡面平顺，也可降低坡比。

6.1.3 本条规定对地质条件复杂，破坏后果很严重的坡面工程治理不应单独使用削方整形法，单独采用削方整形法时可靠性低，因此应与其他支护方法联合使用，确保达到安全可靠的效果。

6.1.4 对于坡体回填可在填料中添加加筋材料，提高填土材料的性能，最终达到提高坡体稳定性的目的。

6.1.5 削方范围、削方边界十分重要，削方区域不得造成上部、周边岩土体失稳。

6.2 削方整形

6.2.2~6.2.5 采用削方整形的边坡,原则上都应进行稳定性计算和评价,但对于工程地质及水文地质条件简单的土质边坡和整体无外倾结构面的岩质边坡,在有成熟的地区经验时,可参照地区经验或按附录C确定放坡坡率。对于填土边坡由于所用土料及密实度要求可能有很大差别,不能一概而论,应根据实际情况按本规范第5章的有关规定,通过稳定性计算确定边坡坡率;无经验时可按GB 50007 的有关规定确定填土边坡的坡率允许值。

6.2.6 削方宜采用直线坡,采用不同坡比时宜上缓下陡,减少削方量,下部可设支挡工程。

6.2.7 设置台阶及马道有助于提高边坡稳定性,降低边坡上部对边坡下部的应力集中;还可拦截上部落石。台阶的宽度主要根据施工平台、坡面排水等因素确定。

6.2.8 削方区域与非削方区域应衔接,侧边界应保持稳定,不得失稳变形,并保证各边界剖面稳定性验算达到要求。

6.2.9 削方形成的弃土应妥善处理,设计时应考虑土方的堆置或利用情况,避免造成次生地质灾害。

6.2.11 工程施工中常发生因爆破施工控制不当对边坡及邻近建(构)筑物产生损害,因此本条规定爆破施工时应进行专项爆破设计,爆破设计应经设计、监理和相关单位审查合格后执行。

6.3 填坡

6.3.1 坡面填筑应分层碾压、夯实,应规定压实度要求。

6.3.2 施工过程中采用最优含水率,有助于坡面防护工程的压实。一般取用土体材料的塑限作为最优含水率。

6.3.3~6.3.4 渗透性较差的填料,可能造成坡体地下水在坡面附近富集,对坡体稳定性不利。故在设计过程中应考虑施工过程中和施工后坡体内部的排水问题,保证排除坡体内地下水,通过设置排水层防止形成水压力。

6.3.6 当填筑区坡面较陡,基底开挖成台阶状对增加边坡的稳定性有利。

7 格构锚固坡面防护

7.1 一般规定

7.1.1 格构的主要作用是将边坡坡体的剩余下滑力或土压力、岩石压力分配给格构结点处的锚杆或锚索,然后通过锚杆传递给稳定地层,从而使边坡坡体在由锚杆或锚索提供的锚固力的作用下处于稳定状态。格构锚实际上是点锚的扩展和延伸,是变集中支护为分散支护的抗滑措施。对于整体性较差的长、大、中浅层不稳定的边坡防治采用格构锚固比较合适。格构锚固常用的形式为格构梁与锚的组合,既可作坡面防护,也可达到锚固效果。

7.1.2 对于稳定性较好的坡面防护,可只设格构,不设锚杆。

7.1.5 本规范中格构锚固锚杆区分受力锚杆和构造锚杆,对于稳定性差的坡面防护采用受力锚杆,稳定性较好的坡面可仅采用构造锚杆。

7.1.6 选定格构锚固形式前,应根据边坡结构特征进行稳定性计算,作为设计依据。包含稳定性分析和荷载计算;选择格构型式及加固方案;拟定格构的尺寸、确定锚杆(索)的锚固荷载;锚杆(索)的设计计算;格构内力计算及结构设计;加固后边坡的稳定性验算。

7.1.10 坡度大于50°时采用肋柱梁,按单向连续梁进行结构设计。

7.1.12 封边梁是治理区与非治理区的边界,包括压顶梁、侧边梁等,前缘支撑在挡土墙、抗滑桩或支墩上时可不设底梁。

7.2 锚杆(索)设计

7.2.2 锚杆应穿过边坡岩体破裂角,锚杆在破裂面之上作为自由端。

7.2.5 用于边坡支护的锚杆轴向拉力 N_{ak} 是荷载分项系数1.0的荷载效应基本组合时,锚杆挡土墙计算求得的锚杆拉力组合值,可按静力平衡法或等值梁法计算的锚杆挡土墙支点力求得。

用于滑坡和边坡抗滑稳定支护的锚杆轴向拉力为荷载分项系数1.0时,用满足滑坡和边坡安全稳定系数时的滑坡推力和边坡推力对锚杆挡土墙计算求得。

7.2.6~7.2.8 锚杆设计宜先按式(3)、式(4)计算所用锚杆钢筋的截面积,选择每根锚杆实配的钢筋根数、直径和锚孔直径,再用选定的锚孔直径按式(5)确定锚固体长度。然后再用选定的锚杆钢筋面积按式(6)确定锚杆杆体的锚固长度。

锚杆杆体和锚固体材料之间的锚固力一般高于锚固体与土层间的锚固力,因此土层锚杆锚固段长度计算结果一般按式(5)控制。

极软岩和软质岩中的锚固破坏一般发生于锚固体与岩层间,硬质岩中的锚固端破坏可发生在锚杆杆体与锚固体材料之间,因此岩石锚杆锚固段长度应分别按式(5)和式(6)计算,取其中大值。

锚杆极限承载力标准值由基本试验确定,对于二、三级边坡工程的锚杆,其极限承载力标准值也可由地层和锚固体黏结强度标准值与其两者的接触表面积的乘积来估算。

对临时性锚杆,锚杆杆体抗拉安全系数一级边坡取1.8,二级边坡取1.6,三级边坡取1.4;锚杆锚固体抗拔安全系数一级边坡取2.0,二级边坡取1.8,三级边坡取1.6。

7.2.11 本条规定锚固段设计长度取值的上限值和下限值,是为保证锚固效果安全、可靠,使计算结果与锚固段锚固体和地层间的应力状况基本一致。

锚杆锚固长度应根据下滑力、土层摩阻力等因素综合确定,不宜过长,试验研究表明,过大的锚固长度对提高锚固力几乎不起作用。锚固点间距的确定是一个有关群锚效应的问题。间距小,锚固应力相互重叠,降低锚固能力;间距大,锚索之间存在锚固应力跌落区,削弱了坡体和滑面的整体锚固效果,有限元分析表明,加固松散介质,当锚索间距为3.0 m,锚索之间的坡体和滑面上的应力分布整合,应力响应峰值降低了40%~50%。

7.2.12 杆体材料根据抗拔力大小、锚固长度等因素确定,锚固长度大于15 m时,宜采用锚索。

7.2.13 直螺纹接头宜采用Ⅰ级接头。

7.2.14 对中支架可采用钢筋、PVC材料,腐蚀性环境宜采用PVC材料。

7.2.16 宜采用高强度等级水泥,对早期强度有要求时可采用早强水泥或掺外加剂。

7.2.17 松散土层及节理裂隙发育的岩层浆液易渗漏,造成锚固体空洞,二次注浆可增加锚固段体积,充填空洞并渗透至裂缝中,提高锚杆抗拔力。

7.2.18 本条规定对锚杆锚固体嵌入格构深度、锚杆上弯长度作要求,锚杆破坏有拔出、拉断、端头破坏等3种形式,除满足受力要求,还起防腐蚀作用。

7.2.19 锚杆抗拔力较大时,弯钩构造易使锚杆拉脱,宜采用锚锭板焊接,保证锚杆受力有效传递。

7.2.20 锚杆防腐处理的可靠性及耐久性是影响锚杆使用寿命的重要因素之一,"应力腐蚀"和"化学腐蚀"双重作用将使杆体锈蚀速度加快,锚杆使用寿命大大降低,防腐处理应保证锚杆各段均不出现杆体材料局部腐蚀现象。

锚杆的防腐保护等级及措施应根据锚杆的设计使用年限及所处地层有无腐蚀性确定。腐蚀环境中的永久性锚杆应采用Ⅰ级防腐保护构造；非腐蚀环境中的永久性锚杆应采用Ⅱ级防护。具体防腐做法及要求可参见GB 50086相关要求。

水下锚杆应采用全黏结、双层防腐，锚杆注浆应饱满，锚杆锚固体厚度满足要求。水下填土层不宜设置锚杆。

7.3 格构设计

7.3.3 目前在格构+锚杆体系的设计中，大多采用经验设计钢筋混凝土格构，常导致配筋不合理，不仅造成浪费，而且可能埋下工程隐患。本规范采用"倒梁法"对格构梁的内力计算方法进行设计，计算方法录自于《新型支挡结构设计与工程实例（第二版）》（李海光等编著）。

7.3.4 格构梁受锚杆拉力作用，梁内力由锚拉力和坡面的分布反力决定，在外力作用下梁发生变形并产生内力，为此要求坡面地基承载力能满足梁的作用力要求。坡面地基承载力可根据岩土物理力学性质，经验值查表确定。

7.3.5 格构梁常起锚杆（索）外锚段十字垫板的作用，并通过连梁增加了锚固体系的整体刚度，前述倒梁法均布荷载的简化未能充分考虑锚杆（索）的作用机理，因此，当配筋率较低时，在满足GB 50010有关规定的情况下，在节点处应增设加强钢筋。

7.3.6 格构截面尺寸应与锚杆抗拔力相匹配，抗拔力大时选择大截面，抗拔力小时选择小截面。

7.3.7 格构基槽开挖浇筑梁后应回填密实。格构间距宜结合锚杆（索）间距的设定进行综合选择。锚杆（索）的间距的选取是锚杆（索）设计的关键之一，间距过大会造成单根锚杆（索）的锚固力过大而应力集中，但间距过小又会产生群锚效应而降低锚固力。为减小群锚效应，我国相关规范规定锚杆（索）的最小间距不得小于1.5 m。本规范规定格构间距宜为2 m～4 m。格构梁应埋入坡体内不小于10 cm，以利于格构与坡体紧密结合。

7.3.12 预制格构梁可避免在坡体上进行现场支模、绑扎钢筋和现浇混凝土等施工工序，简化施工工艺，提高生产效率。施工条件应能满足梁运输、吊装需求。

7.3.14 预制梁与锚杆结合使用时必须施加预应力，预应力大小根据锚杆设计抗拔力以及梁的抗弯、抗剪强度确定。

8 砌体坡面防护

8.1 一般规定

8.1.1 砌体坡面防护工程在设计使用年限内，在正常维护下，必须保持适合使用，而不需大修加固。设计中应结合当地实际情况考虑各种因素的影响，以满足坡面防护功能要求。

8.1.2 砌体用于坡面防护，可达到防风化、剥蚀作用。当在边坡稳定性不足或存在不良地质现象的坡段使用砌体支护时，应与支挡结构进行综合设计，联合使用。

8.1.4 用于防护沿河路基受到水流冲刷等有害影响的部位时，被防护的边坡坡度应符合稳定路基边坡的要求；对于严重潮湿或严重冻害的土质边坡，在未进行排水措施前，不宜采用浆砌防护。

8.1.6 混凝土预制块坡面防护必须设置砂砾或碎石垫层。混凝土预制块抗冲刷的能力比浆砌石更强，还能抵抗较强的冰压力，适用于水流速度为4 m/s～8 m/s，容许波浪高达2 m以上的岸坡工程。

8.1.7 砌体坡面防护应进行反滤层构造设计，为保证反滤效果，应对反滤层的级配进行设计，采用无黏性料,如碎石、粗砂等。当滤层采用土工布时,土工布单位面积质量应不小于800 g/m²,断裂强度应大于40 kN/m,渗透系数大于0.025 cm/s。

8.2 砌石坡面防护

8.2.1～8.2.2 对干砌石石料的块径要严格要求,小块径石料在波浪淘刷、水流冲刷、漂浮物的冲击下,库水位变动的干砌石防护工程可能被毁,块径必须大于局部波浪作用下所需块石直径的计算值。一级坡面防护工程所用材料的最低强度等级应至少提高一级。

8.2.5 坡面整平以铲坡为主,尽量不回填,将腐殖土、草皮、树枝、杂物及带尖棱硬物等清除,保证无波浪起伏,工程完成时总体外观平顺、美观。

8.2.8～8.2.9 浆砌石坡面防护工程必须设置泄水孔,以排泄坡体内的积水,减少渗透压力。泄水孔的进水口0.5 m范围内需设置反滤层,防止水将坡体细颗粒物质带走,引起浆砌石沉陷变形。反滤层达不到要求,浆砌石内侧地下水不能顺畅排出,会造成水压力加大而影响工程安全。

8.2.11 干砌石应由低向高、由外向内以错缝锁结方式铺砌。

8.3 砌块坡面防护

8.3.1 砖砌块适用于高度小、坡率缓、安全等级不高的坡面防护。

8.3.2 预制混凝土块出厂时应符合下列规定:①构件强度及抽检结果符合设计要求;②构件的几何尺寸符合允许偏差;③构件不得存在影响结构性能的外观缺陷;④构件有出厂合格证明书。

8.3.6 混凝土预制块铺设前,必须严格控制砂石垫层施工质量。垫层铺筑经检验合格后,开始铺设混凝土预制块。混凝土预制块铺设应自下而上进行,表面平整,砌缝紧密,整齐有序,无通缝;砌块底部垫平填实,块间自锁联结,以确保坡面防护工程的整体性和稳定性。

8.3.7 勾缝砂浆应采用细砂和较小的水灰比,水灰比控制在1∶1～1∶2之间。有防渗要求的,拌合砂浆用的水泥强度等级宜为42.5级及以上。

8.3.10 砌块组合拼接形式应兼顾效果和美观,可采用多种形式的组合。

9 喷锚坡面防护

9.1 一般规定

9.1.1 喷锚不适宜土质和水下边坡,松散土层不应采用,硬塑及坚硬的固结土层论证可行性后可采用。

9.1.3 锚喷支护对岩质边坡尤其是Ⅰ、Ⅱ及Ⅲ类岩质边坡,锚喷支护具有良好效果且费用低廉,但喷层外表不佳;采用现浇钢筋混凝土板能改善美观,因而表面处理包括喷射混凝土和现浇混凝土面板等。锚喷支护中锚杆起主要承载作用,面板用于限制锚杆间岩块的塌滑。

9.1.4 岩土锚杆在可变荷载作用下,会产生附加位移。锚杆设计时,需考虑影响结构正常使用的变形。

9.1.5 地质灾害坡面防护涉及的不稳定斜坡和危岩体,应根据其破坏模式或型式计算确定。

9.1.6 锚喷支护中锚杆有系统加固锚杆与局部加强锚杆两种类型。系统锚杆用以维持边坡整体稳定,采用按直线滑裂面的极限平衡法计算。局部锚杆用以维持不稳定块体,采用赤平投影法或块体平衡法计算。

9.1.7 特殊性岩土及有深层外倾滑动面或坡体渗水明显的岩质边坡,会引起显著的蠕变而导致锚杆锚固力降低,或因注浆体与岩土间的摩阻力过低而无法满足设计要求。

9.2 设计计算

9.2.1～9.2.4 喷锚坡面防护的稳定性计算,锚杆总长度以及锚杆计算均按本规范第 5 章和第 7 章的相关规定执行。本条说明锚喷支护的锚杆轴向拉力标准值的计算方法。

9.2.5 本条说明用局部锚杆加固不稳定块体的具体计算方法。

9.3 喷锚构造

9.3.1 岩石边坡在稳定性较好时,锚喷支护中的锚杆多采用全长黏结性锚杆,主要是由于全长黏结性锚杆具有性能可靠、使用年限长、便于岩石边坡施工的优点,一般长度不宜过长。锚喷支护要控制锚杆间的最大间距,以确保两根锚杆间的岩体稳定。锚杆最大间距显然与岩坡分类有关,岩坡分类等级越低,最大间距应当越小。

9.3.4 本条规定锚固段设计长度取值的下限值,是为保证锚固效果安全可靠,使计算结果与锚固段锚固体和地层间的应力状况基本一致并达到设计要求的安全度。计算公式中的黏结强度应由试验确定,在无试验资料的情况下,可采用地方可靠依据的推荐值确定。

大量的试验资料表明,锚杆受力时,沿锚固段全长的黏结应力分布是很不均匀的,能有效发挥锚固作用的黏结应力分布长度是有一定限度的。也就是说,平均黏结应力随着锚固长度的增加而减小。根据工程实际情况,可采用长锚与短锚相结合的方式进行锚杆设置。

9.3.5 本条对锚杆连接、弯折长度作要求,主要防止锚杆与混凝土面板之间变形破坏。锚杆应与混凝土面板应有效连接,防止端部产生破坏,应弯折于混凝土面板中。

9.3.6 要求锚固体嵌入混凝土面层不少于 30 mm,起防腐蚀作用。

9.3.7 喷射混凝土应重视早期强度,通常规定 1 d 龄期的抗压强度不应低于 5 MPa。

9.3.9 边坡的岩面条件通常要比地下工程中的岩面条件差,因而喷射混凝土与岩面的黏结力略低于地下工程中喷射混凝土与岩面的黏结力。按照 GB 50086 的规定,Ⅰ、Ⅱ类围岩喷射混凝土与岩面黏结力不低于 0.8 MPa;Ⅲ类围岩不低于 0.5 MPa。本条规定整体状与块体岩体不应低于 0.8 MPa;碎裂状岩体不应低于 0.4 MPa。

10 柔性防护网坡面防护

10.1 一般规定

10.1.1～10.1.2 本规范所涉及的主动防护加固系统主要实现边坡浅表层的加固,即适用于并不存在结构性深层滑动面或大范围整体失稳可能性的边坡。同时主动防护网加固不得因为浅表层的加固或加固不当,导致边坡的变形破坏由表及里地不断发生,或者从局部向更大范围的发展最终逐渐演化为大规模的深层滑坡。

从功能上讲,主动防护系统分为主动加固和围护两大类,前者通过阻止灾害的发生来实现防护目的,也称为主动加固系统或标准主动防护系统;后者是灾害发生后通过控制破坏体(通常主要为落石)的运动范围来避免其形成危害。

被动防护网系统除主要用作崩塌落石防护外,还可用作爆破飞石防护。

防护网为开放系统,地下水可以自由排泄,避免了由于地下水压力的升高而引起的边坡失稳问题;该系统对坡面形态特征无特殊要求,不破坏和改变坡面原有地貌形态和植被生长条件,其开放特征给随后或今后有条件并需要时实施人工坡面绿化保留了必要的条件,绿色植物能够在其开放的空间上自由生长。

防护网为定型产品,系统部件为标准化的部件,其技术性能应符合 TB/T 3089 规定。

常用主动防护网结构配置及防护功能见表2。常用被动防护网结构配置及防护功能见表3。

表 2 常用主动网结构配置及防护功能

型号	网型	结构配置	主要防护功能
GAR1	钢丝绳网	边沿(或上沿)钢丝绳锚杆+支撑绳－缝合绳	围护作用,限制落石运动范围,部分抑制崩塌的发生
GAR2	钢丝绳网	系统钢丝绳锚杆+支撑绳+缝合绳,孔口凹坑+张拉	坡面加固,抑制崩塌和风化剥落、溜坍的发生,限制局部或少量落石运动范围
GPS1	钢丝绳网+钢丝格栅	同 GAR1	同 GAR1,有小块落石时选用
GPS2	钢丝绳网+钢丝格栅	同 GAR1	同 GAR1,有小块危石或土质边坡时选用
GER1	钢丝格栅	同 GAR1 但用铁线缝合	同 GAR1,但落石块体较小且寿命要求较短时选用,以碎石防护为主
GER2	钢丝格栅	同 GAR1 但用铁线缝合	同 GAR1,但危石块体较小且寿命要求较短时采用
GTC－65A	高强度钢丝格栅	预应力钢筋锚杆+孔口凹坑+缝合绳(根据需要选用边界支撑绳和钢丝锚杆)	同 GPS2,能满足可达 50 a 防腐寿命要求,但其加固能力仅为其70%～80%,不适合于体积大于 1 m^3 大块孤危石加固
GTC－65B	高强度钢丝格栅	同 GAR1	同 GAR1,能满足可达 50 a 防腐寿命要求,但不适合于体积大于 1 m^3 大块落石防护

表 3 常用被动网结构配置及防护功能

型号	网型	结构配置	防护功能
RX－025	DO/08/250	钢柱+支撑绳+拉锚系统+缝合绳+减压环	拦截撞击能 250 kJ 以内的落石
RX－050	DO/08/200	同 RX－025	拦截撞击能 500 kJ 以内的落石
RX－075	DO/08/150	同 RX－025	拦截撞击能 750 kJ 以内的落石
RXI－025	R5/3/300	钢柱+支撑绳+拉锚系统+缝合绳	同 RX－025
RXI－050	R7/3/300	同 RXI－025	同 RX－050
RXI－075	R7/3/300	同 RX－025	同 RX－075
RXI－100	R9/3/300	同 RX－025	拦截撞击能 1000 kJ 以内的落石
RXI－150	R12/3/300	同 RX－025	拦截撞击能 1500 kJ 以内的落石
RXI－200	R19/3/300	同 RX－025	拦截撞击能 2000 kJ 以内的落石
AX－015	DO/08/250	同 RX－025	拦截撞击能 150 kJ 以内的落石
AX－030	DO/08/200	同 RX－025	拦截撞击能 300 kJ 以内的落石
AXI－015	R5/3/300	同 RXI－025	同 AX－015
AXI－030	R7/3/300	同 RXI－025	同 AX－030
CX－030	DO/08/200	同 RX－025	同 AX－030
CX－050	DO/08/150	同 RX－025	同 RX－050
CXI－030	R7/3/300	同 RXI－025	同 AX－030
CXI－050	R7/3/300	同 RXI－025	同 RX－025

注:上表型号后边数字代表被动防护网的能量吸收能力。加"050"表示系统最大能量吸收能力为 500 kJ,"150"表示系统最大能量吸收能力为 1 500 kJ,依此类推。

10.2 主动防护网

10.2.2～10.2.3 在本规范中由于柔性防护系统的加固对象主要是边坡的浅表层,锚杆的局部滑动分析仅考虑平面滑动破坏模式和锚杆间局部楔形块体破坏,可不考虑圆弧形滑动破坏模式。防护网整体和局部分析时,边坡浅表层极限平衡的原则要求为:单根锚杆提供的抗力足以阻止其分担单元体平行于坡面的整体滑动;抵御锚杆间局部楔形体滑动的抗力由柔性网护坡体系来提供,所有可能发生的局部滑移体都必须封闭在网内。对不能满足控制坡面整体和局部滑动要求的,可对锚杆间距作相应调整或在必要时提高柔性网的承载能力。

在柔性防护系统中,锚杆除了要满足一定的抗拔力要求外,还必须能承受横向弯曲和剪切作用。

10.2.5 钢丝绳网布设时,对防护区域的边界处不需防护的区域可不予覆盖或采用其他网块规格,单层常用规格钢丝绳网的强度或其加固能力不足时,可采用更小网孔尺寸或采用两层或多层常用规格的网块重叠使用,或者采用直径更大的钢丝绳编制的网。

10.2.6 从结构设计的均衡性考虑,横向支撑绳的承载能力应比纵向支撑绳高。

10.2.8 为保证缝合绳形成的网孔尺寸不大于钢丝绳网的网孔尺寸,网块边沿与支撑绳间距离不得大于300 mm,为保证缝合绳连接不减弱系统的加固能力,缝合绳的规格和强度指标不得比编网用钢丝绳低。

10.2.10 帘式防护网与传统主动防护网的主要差别在于无需进行系统锚固和预张拉来确保系统尽可能的紧贴坡面,仅通过周边和内侧局部锚固将柔性网系统自然覆盖(披挂)于坡面,甚至可仅采用上沿锚固和上沿支撑绳作为悬挂支承,形成最简单的"窗帘"式结构。既凭借系统自重覆压作用给潜在崩塌滑落体提供一定的稳定加固作用,部分限制崩塌的发生,又允许落石在系统与坡面构成的相对封闭空间内有一定限制地顺坡滚落,从而使落石在控制条件下顺坡安全向下滚落直至坡脚或坡上平台而不危及安全防护,而不是阻止崩塌的发生,它对崩塌落石发生区域集中、频率较高或坡面施工作业难度较大的高陡边坡是一种非常有效而经济的方法。相比被动防护系统,该方法的清理工作十分简便或无需清理,并避免了被动防护系统防护高度设置不足时可能发生的落石飞越,在边坡高度不太高时,该方法更为经济。

10.3 被动防护网

10.3.1 被动防护系统的结构设计可采用以试验为主要手段的定型化方式,也可借助数值模拟方法来指导试验研究工作。

10.3.2 被动防护系统设计前应对落石所在边坡地质条件、气候及其他外部因素进行充分调查,以判断落石来源及其发生崩落诱因。

10.3.6 被动防护系统的钢柱体系包括钢柱及与其配套的基座和连接件等,钢柱的高度与设计系统高度相同,按定型化标准进行选择。钢柱的断面规格按设计高度进行选择确定。

10.3.10 钢丝绳网材料与规格:
   a) 钢丝绳的质量要求应符合 GB/T 8919 的要求;其中钢丝绳的镀锌量应符合 GB/T 8919 表6中 B 类镀锌钢丝绳的要求,其公称抗拉强度不小于 1 770 MPa,最小断裂拉力不小于 40 kN(ϕ8 mm 钢丝绳)或不小于 20 kN(ϕ6 mm 钢丝绳)。
   b) 根据用途不同其菱形网孔边长一般为 300 mm、250 mm、200 mm、150 mm、120 mm、100 mm。网目边长误差不大于 20 mm。

c) 钢丝绳网成品网块规格一般为 4 m×2 m、4 m×4 m、5 m×3 m、5 m×4 m、5 m×5 m、5 m×6 m 等,也可根据设计要求调整网块尺寸。

d) 钢丝绳网的编制应满足以下要求:上下交错编织;编制成网的钢丝绳不得有断丝、脱丝现象;交叉节点处用扣压件固定,接头处用搭接件压接,不得遗漏,钢绳露出搭接件长度至少为 10 mm;编网时扣压件和搭接件用机械压接,表面不得有破裂和明显损伤;网的形状平整、绳不得有打结明显扭曲现象。

e) 搭接件一般采用普通软纯铝管,长度不小于 35 cm,外径不大于 3 cm,壁厚不小于 3 mm。

f) 钢丝绳网交叉处固定用的扣压件厚度不小于 2 mm,并采用镀锌处理,镀锌层厚度不小于 8 μm。

g) 编网用扣压件的材质、结构尺寸和压接工艺必须保证其拉滑力(抗错动能力)不小于 5 kN,拉脱落力不小于 10 kN。

钢丝绳网材料:采用 φ8 的钢丝绳(抗拉强度为 1 770 MPa,破断拉力＞40 kN)编制并在结点处用专用"十字扣"固定而成,为防护网的主要特征构件之一,在主动防护中通过钢丝绳网的覆盖来实现边坡的加固,其开放特征可以实现对坡面天然植被和植被生长条件的最佳保护,实现环境保护与灾害治理的有机结合;在被动防护系统中,其柔性特征充分体现了"以柔克刚"的思想,实现崩塌落石的有效拦截。

10.3.11 减压环是一种在节点处按预先设定的力箍紧的环状金属管,使用时穿挂在拉锚绳和支撑绳上。

11 挡土墙坡面防护

11.1 一般规定

11.1.2 墙型的选择对挡土墙的安全与经济影响较大。在同等条件下,挡土墙中主动土压力以仰斜最小,直立居中,俯斜最大,因此仰斜式挡土墙较为合理。但不同的墙型往往使挡土墙条件(如挡土墙高度、填土质量)不同。故墙型应综合考虑多种因素而确定。

挖方边坡采用仰斜式挡土墙时,墙背可与边坡坡面紧贴,不存在填方施工不便、质量受影响的问题,仰斜当是首选墙型。

挡土墙高度较大时,土压力较大,降低土压力已成为突出问题,故宜采用衡重式或仰斜式。

11.2 挡土墙计算

11.2.1 挡土墙设计中,岩土压力分布是一个重要问题。目前对岩土压力分布规律的认识尚不十分清楚。按朗肯理论确定土压力分布可能偏于不安全。表面无均布荷载时,将岩土压力视为与挡土墙同高的三角形分布的结果是岩土压力合力的作用点有所提高。本规范所确定挡土墙土压力计算参照 GB 50330 相关规定。

11.2.4 土质地基有软弱层时,存在着挡土墙地基整体失稳破坏的可能性,故需进行地基沉降验算。

11.2.5 抗滑移稳定性及抗倾覆稳定性验算是重力式挡土墙设计中十分重要的一环,式(11)及式(16)应得到满足。当抗滑移稳定性不满足要求时,可采取增大挡土墙断面尺寸、墙底做成逆坡、换土做砂石垫层等措施使抗滑移稳定性满足要求。当抗倾覆稳定性不满足要求时,可采取增大挡土墙断面尺寸、增长墙趾、改变墙背做法(如在直立墙背上做卸荷台)等措施使抗倾覆稳定性满足要求。

11.3 挡土墙构造

11.3.2 对抗滑挡土墙及受力、高度较大的挡土墙,砂浆强度不应低于M10。因砌石挡土墙施工质量难控制,对重要工程宜采用混凝土挡土墙。

11.3.5 本条中挡土墙的基础埋深基于抗滑移、抗倾覆的稳定要求,实际工程应根据岩土性质作相应调整。

11.3.7~11.3.8 挡土墙基础是保证挡土墙安全正常工作的十分重要的部分,实际工程中许多挡土墙破坏都是地基基础设计不当引起的。因此设计时必须充分掌握工程地质及水文地质条件,在安全、可靠、经济的前提下合理选择基础形式,采取恰当的地基处理措施。当挡土墙纵向坡度较大时,为减少开挖及挡土墙高度,节省造价,在保证地基承载力的前提下可设计成台阶形。当地基为软土层时,可采用换土层法或采用桩基础等地基处理措施。不应将基础置于未经处理的地层上。

12 生态坡面防护

12.1 一般规定

12.1.1 根据相关文献定义,生态防护,就是"用活的植物(采用的活植物包括3种,即单独采用植物,采用活植物与土木工程措施相结合的方法,以及使用活植物与非生命植物材料相结合的方法)保护边坡,以减轻坡面的不稳定性和侵蚀破坏"。生态防护功能主要表现在以下几方面:①浅根的加筋作用;②深根的锚固作用;③水文作用。由于先期植被处于生长阶段,生态防护的功能会在后期才能得以体现,为此要求边坡处于稳定状态。

12.1.2 应根据不同坡体形态、岩土特性和区域特点等选择合适的生态坡面防护方式和相宜的绿化物种。

12.1.6 三维网喷播植草是在坡面上铺设三维植被网,并用液压喷播法进行植被种植,是目前应用较多的生态防护技术。三维植被网是由热塑性树脂为原料而制成的三维结构,其底层为高模量的基础层,一般由1层~2层平网组成,上覆起泡膨松网包,包内可填充种植土和草籽,膨松网包的作用是将喷播于坡面的肥料和种子与坡面固定,不仅可以防冲刷,并有利于植物生长。即在草皮未长成之前,可保护坡面免受地表水侵蚀;草皮长成后,草根与网垫、泥土一起形成一个牢固的具有复合力学性能的嵌锁体系,还可起到坡面表层加筋作用,有效防止坡面冲刷,达到加固边坡、美化环境的目的。三维网喷播植草可应用于边坡自身稳定,地表水较多,易造成坡面冲刷,水土流失和浅表层局部滑动的边坡,坡度缓于1:0.75。选择草种时,要求草种生命力强、抗病性强、根系发达、枯黄期短。

挖沟植草指在坡面上按一定的行距人工开挖楔形沟,在沟内回填适宜于草籽生长的土壤养料、土壤改良剂等有机肥土,然后挂三维植被网,喷播植草绿化。根据已有工程经验,挖沟植草适用于边坡自身稳定,坡度缓于1:0.75,基岩为泥、页岩或砂岩与泥岩互层的岩质边坡或土质边坡。每级边坡坡高一般低于15 m。

12.1.10 抗逆性包括抗干旱、抗热性、抗寒性、抗贫瘠性、抗病虫害性等。

12.1.12 植被的选择对坡面防护的效果有决定性作用。采用合适的植被才会取得预期的防护和景观效果。植被防护应以防止水土流失、防风及绿化美化环境为宗旨,并且具有保护人身和车辆安全的作用、绿期长和观赏价值高等特点。因此,植被的选择原则有以下几点:①适应当地的土壤和气候条件;②抗逆性强,绿化见效快,养护简单;③地上部分较矮,根系发达,生长迅速,能在短时间内覆盖坡面;④常年生或多年生植物;⑤适应粗放型管理的植物;⑥注意植物种类的混播设计。此外,植被的选择,还要求植物自身能相互穿插,形成网络。同时要考虑地形、环境、气候、光照、水文、温度、土质、边坡特点、植物特性等因素,尽量选择耐瘠、耐酸碱、耐干湿、冷暖均适宜的优良植物组合,以维持物种多样性和生态平衡,减少后期维护工作。

12.2 喷播坡面防护

12.2.2 尽管有些稀特作物种子的野生性状明显,适应性强,发芽迅速而容易,但大部分播种前还是需要进行预处理的,以使发芽、出苗整齐,便于保持苗全、苗壮,减少苗期管理用工。

12.2.3 客土喷播技术在岩石边坡中应用广泛,相对喷锚、浆砌石等硬性防护措施,客土喷播成本低,不影响边坡地下水渗出,且有利于生态植被恢复。

12.2.10 应选择生长健壮的草坪做草源地,草源地的土壤若过于干燥,应在掘草前灌水。掘取草根时根部最好多带一些宿土,掘后及时装车运走,堆放在阴凉之处,并经常喷水保持草根潮湿。

12.2.11 三维植被网适用于植物难于生长的土质边坡和强风化软质岩石边坡,三维植被网性能指标应符合JTG E50规定。

12.3 种植坡面防护

12.3.1 不同植物种的发芽时间(天数)尽可能相近,以免造成发芽缓慢的植物种很快被淘汰的危险;有些能错季萌发或适应不良环境后萌发且具"后来者居上"潜力的种子也可选用。

12.3.9 坡底外侧绿化带还可起缓冲作用。

13 其他坡面防护

13.1 边坡排水

13.1.1 边坡坡面、地表的排水和地下排水与防渗措施宜统一考虑,使之形成相辅相成的排水、防渗体系。为了确保实践中排水措施的有效性,坡面排水设施需采取措施防止渗漏。另外,补充了边坡排水中渗沟、跌水、急流槽等部分内容。大多数的边坡灾害都是因为排水问题引发,故排水工程在坡面防护工程设计中应得到足够的重视。

13.1.4 坡面、地表的排水设施应结合地形和天然水系进行布设,并作好进出口的位置选择和处理,防止出现堵塞、溢流、渗漏、淤积、冲刷等现象。地表排水沟(管)排放的水流不得直接排入饮用水水源、养殖池等水源。

排水设施的几何尺寸应根据集水面积、降雨强度、历史、分区汇水面积、坡面径流量、坡体内渗出的水量等因素进行计算确定,并作好整体规划和布置。

13.1.5 截水沟根据具体情况可设一道或数道。设置截水沟的作用是拦截来自边坡或山坡上方的地面水、保护边坡不受冲刷。截水沟的横断面尺寸需经流量计算确定。为防止边坡的破坏,截水沟设置的位置和道数是十分重要的,应经过详细水文、地质、地形等调查后确定截水沟的位置。截水沟应采取有效的防渗措施,出水口应引伸到边坡范围以外,出口处设置消能设施,确保边坡的稳定性。

13.1.7 沟壁应与地面齐平,沟壁顶若高于地面,不利于汇水,若低于地面,会造成沟渠淤堵,皆为不利。

13.1.14 排水沟边墙超过一定高度时,应进行边墙稳定性验算,并相应增加墙体厚度。

13.1.19 设计前应收集工程地质和水文地质等相关资料,应查明水文地质参数,作出地下水对边坡影响的评价,为地下排水设计提供可靠的依据。

13.1.20 仰斜式排水孔是排泄挖方边坡上地下水的有效措施,当坡面上有集中地下水时,采用仰斜式排水孔排泄,且成群布置,能取得较好的效果。当坡面上无集中地下水,但土质潮湿、含水量高,如高液限土、红黏土、膨胀土边坡,设置渗沟能有效排泄坡体中地下水,提高土体强度,增强边坡稳定性。

13.1.21~13.1.24 渗沟根据使用部位、结构型式,可将渗沟分为填石渗沟、管式渗沟、边坡渗沟、无砂混凝土渗沟。

填石渗沟也称为盲沟,一般适用于地下水流量不大、渗沟不长的地段。填石渗沟较易淤塞。管式渗沟一般适用于地下水流量较大、引水较长的地段。条件允许时,应优先采用管式渗沟。随着我国建筑材料工业的发展,渗沟透水管和反滤层材料也有多种新材料可供选择。

边坡渗沟则主要用于疏干潮湿的土质边坡坡体和引排边坡上局部出露的上层滞水或泉水,坡面采用干砌片石覆盖,以确保边坡干燥、稳定。

用于渗沟的反滤土工布及防渗土工布(又称复合土工膜),设计时应根据水文地质条件、使用部位等可按现行国家标准 GB/T 17638~GB/T 17642 选用。防渗土工布也可采用喷涂热沥青的土工布。

无砂混凝土即可作为反滤层,也可作为渗沟,是近几年在交通行业地下排水设施中应用的新型排水设施,用无砂混凝土作为透水的井壁和沟壁以替代施工较复杂的反滤层和渗水孔设备,并可承受适当的荷载,具有透水性和过滤性好、施工简便、省料等优点,值得推广应用。预制无砂混凝土板块作为反滤层,用在卵砾石、粗中砂含水层中效果良好;如用于细颗粒土地层,应在无砂混凝土板块外侧铺设土工织物作反滤层,用以防止细颗粒土堵塞无砂混凝土块的孔隙。

一般情况下,渗沟每隔 30 m 或在平面转弯、纵坡变坡点等处,宜设置检查、疏通井。检查井直径不宜小于 1 m,井内应设检查梯,井口应设井盖,当深度大于 20 m 时,应增设护栏等安全设备。

填石渗沟最小纵坡不宜小于 1%;无砂混凝土渗沟、管式渗沟最小纵坡不宜小于 0.5%。渗沟出口段宜加大纵坡,出口处宜设置栅板或端墙,出水口应高出坡面排水沟槽常水位 200 mm 以上。

13.1.26~13.1.29 仰斜式排水孔是采用小直径的排水管在边坡体内排除深层地下水的一种有效方法,它可以快速疏干地下水,提高岩(土)体抗剪强度,防止边坡失稳,并减少对岩土体的开挖,加快工程进度和降低造价,因而在国内外边坡工程中得到广泛的应用。近年来在广东、福建、四川等省取得了良好的应用效果,最长排水孔已达 50 m。

仰斜式排水孔钻孔直径一般为 75 mm~150 mm,仰角不应小于 6°,长度应伸至地下水富集或潜在滑动面。孔内透水管直径一般为 50 mm~100 mm。透水管应外包 1 层~2 层渗水土工布,防止泥土将渗水孔堵塞,管体四周宜用透水土工布作反滤层。

13.2 加筋土挡土墙

13.2.1 加筋土挡土墙指对挡土墙采取加筋材料进行补强,从而达到稳固坡体的一种支护形式。

13.2.3 本规范虽然主要针对坡面及坡体浅表层变形的防护,但为防止次生灾害的发生,加筋土挡土墙需要进行稳定性和安全性的验算。加筋土内部稳定性分析的目的是确定筋带断面长度,局部平衡法是它的基本方法,其原理可参见 JTG D30 中加筋土墙设计的条文说明。对高度大于 12 m 的挡土墙,除用局部平衡法计算外,还需用总体平衡法验算,可参见相关资料。

13.2.4~13.2.9 本条规定主要是参照 JTG D30 中加筋土挡土墙设计计算的相关规定。

13.2.10 考虑到筋带材料的发展趋势及部分地区使用加筋土材料支护的差异性,同时国内相关行业已经编制了大量土工织物应用技术规范,本条规定实际上明确了加筋土材料的使用除满足应用技术规范外还应满足坡体稳定性等计算方面的要求。

13.2.11~13.2.13 为尽量减少面板对地基产生的压力,防止地基发生过大的不均匀沉降,确保面板不被损坏,除坚硬地基外,在一般情况下均考虑设置条形混凝土基础。一般对于无冲刷挡土墙基础,其埋置深度要求在地面以下至少 1 m,但考虑到加筋体外设置了散水和护脚,故将最小限制值调整为 0.6 m。当地基为岩石或利用旧有的路面、混凝土作地基时,加筋土面板基础的埋深不受上述限制。

13.2.21 宜采用渗水性填料,以及时排出加筋体中的水分,减小作用于加筋体的动水压力影响。

13.3 格宾坡面防护

13.3.1 格宾防护工程是一种将蜂巢形格宾网片组装成箱笼,并装入块石等填充料后,用作护岸的新技术,按结构形式可分为挡土墙、坡面防护、护底、护脚、水下抛石等。构成蜂巢格网防护体的钢丝具有一定的抗拉强度,不易被拉断,填充料之间又充满了空隙,具有一定的适应变形的能力。当地基情况发生变化时,如发生不均匀沉降、地震等,箱内填充料受箱笼的约束不会跑到箱笼外,而会自行调整形成新的平衡;又因箱笼系柔性结构,因此防护工程表面可能会发生小的变形,但不会发生裂缝、网箱被拉断从而造成防护体被破坏的现象。格宾挡土墙适用于坡体、坡面稳定性效果差或流水冲刷条件下坡体防护。

13.3.2 格宾网片的抗压、抗剪强度及有关力学指标、耐腐蚀性必须达到设计要求,钢丝的力学性能必须符合 GB/T 343 中关于镀锌钢丝的规定。

13.3.5 常用的填料是卵石或块石。为确保结构物的耐久性,石材必须抗风化,不碎裂,不溶解,且相当坚硬。严禁使用风化石。非裸露部分可以适当用废混凝土碎块或营建废料作为填充料。

13.3.9 在工程实际应用中,可根据实际占地情况、绿化要求、临水情况、现场土石料运输等进行合理的选择,确定最终的结构形式。

13.3.13 做成格宾挡土墙时,应用库仑土压力计算理论,按刚性结构体假定,根据极限平衡理论对格宾网箱挡土墙的抗滑稳定、抗倾覆稳定进行校核。

13.4 轻量土坡面防护

13.4.1 轻量土具有质轻、强度和变形模量可以根据工程需要进行调整,以及自立性、易施工和保护环境等优点;可以大幅度减小荷载,减少坡体侧向土压力。在山区的高陡边坡,狭窄地段的直立路基、挡土墙,以及环境保护等工程中,轻量土的应用有优势。轻量土作为一种新的结构形式,可有效减少坡体荷载及下滑力,从而增加坡体的稳定性。

13.4.3 发泡聚苯乙烯(EPS)块、发泡颗粒混合轻量土和气泡混合轻量土属于人工合成高分子材料,次生材料混合轻量土属于次生材料再利用,目前应用较少。

13.4.9 软土地基采用轻量土换填可防止变形沉降。

14 监测设计

14.1 布置的监测工程应兼顾施工期的安全监测以及防治工程施工后的防治效果监测,前期和施工期的监测资料应尽量保留以备运行期监测使用。监测资料的整编分析应符合以下要求:
 a) 监测仪器安装埋设完成后,应及时取得各监测项目的初始值;
 b) 对施工期取得的监测资料应进行快速整理、分析,并及时反馈;
 c) 安全监测资料及其整编和分析成果应及时移交给工程管理单位。

14.4～14.5 坡面防护工程监测应选用经济实用的方案,分析坡面防护重点区域,制订相应的监测方案;根据监测结果,对边坡稳定性进行反演分析。

制订边坡监测方案及选择仪器,应考虑坡体的变形,又兼顾到仪器维护方便和节省投资。边坡监测系统包括仪器安装、数据采集、传输和存储、数据处理、预测预报。边坡监测应根据不同类型的失稳模式,设计不同的监测方案;重点区域应加强监测;并宜根据监测结果进行边坡稳定性分析。边坡监测应采用技术先进和经济实用的方法,与群测群防相结合。

选用仪器应遵循以下原则:仪器应具有良好的稳定性;仪器应具有足够的量测精度;仪器应具有较高的灵敏度;仪器应具有较好的环境适应性。所采用的监测仪器应具有仪器生产许可证和产品质量合格证,使用前,须经过国家有关计量部门标定,并具有相应的质检报告。

14.6~14.8 本条给出了施工安全监测点的布设要求,监测要求可根据实际情况进行调整。宜将施工安全监测和长期动态监测相结合,以了解工程实施后边坡体的变化特征,为工程的竣工验收提供科学依据。既要监测边坡体的变形情况,也要监测实施工程的效果情况。在施工期间,监测结果应作为判断边坡稳定状态、指导施工、反馈设计和防治效果检验的重要依据。

14.11~14.12 长期动态监测是在防护工程竣工后,对边坡体变形进行动态跟踪,并分析边坡体稳定性变化特征。对重要性等级为一级的坡面防护工程应制订长期监测方案,对重要性等级为二级的坡面防护工程宜制订长期监测方案;长期动态监测点可利用施工安全监测点。

14.14 监测项目可根据其地质环境、安全等级、边坡类型、支护结构类型和变形控制等条件,遵循实用、高效、经济的原则,经综合分析后确定,选择合适的监测项目。当无相关经验时可按表15确定。

14.16~14.17 监测方法、精度应满足相关测量规范的要求。

14.18 坡面防护工程支护结构变形值的大小与边坡高度、地质条件、水文条件、支护类型、坡顶荷载等多种因素有关,变形计算复杂且不成熟,国家现行有关标准均未提出较成熟的计算理论。因此,目前较准确地提出边坡工程变形预警值比较困难,特别是对岩体或岩土体边坡工程变形控制标准更难提出统一的判断标准,工程实践中只能根据地区经验,采用工程类比的方法确定。本条给出了边坡工程施工过程中及监测期间应报警和采取相应的应急措施的几种情况,报警值的确定考虑了边坡类型、安全等级及被保护对象对变形的敏感程度等因素,变形控制比单纯的地基不均匀沉降要严。

15 试验与检验

15.1 试验

15.1.4 锚杆基本试验加、卸荷等级、测读间隔时间可按下表4确定。锚杆试验记录表可按表5制定。

表4 锚杆基本试验循环加、卸荷等级与位移观测间隔时间

加荷标准循环数	预估破坏荷载的百分数/%													
	每级加载量						累计加载量	每级卸载量						
第一循环	10	20	20				50					20	20	10
第二循环	10	20	20	20			70				20	20	20	10
第三循环	10	20	20	20	20		90		20	20	20	20	10	
第四循环	10	20	20	20	20	10	100	10	20	20	20	20	10	
观测时间/min	5	5	5	5	5	5		5	5	5	5	5	5	5

表 5 锚杆试验记录表

工程名称：
施工单位：

试验类别		试验日期		砂浆强度等级	设计	
试验编号		灌浆日期			实际	
岩土性状		灌浆压力		杆体材料	规格	
锚固段长度		自由段长度			数量	
钻孔直径		钻孔倾角			长度	
序号	荷载/kN	百分表位移/mm			本级位移量/mm	增量累计/mm	备注
		1	2	3			

校核：   试验记录：

15.2 检验

15.2.1 本条规定给出了坡面防护结构的原材料质量检验的基本内容。

15.2.2 本条规定给出了锚杆质量的检验方法。

15.2.3～15.2.6 给出了混凝土支护结构现场复检、喷射混凝土面板厚度和强度的检验方法。

15.2.12 从对已有边坡工程检测报告的调查发现，检测报告形式繁多，表达内容、方式各不相同，报告水平参差不齐现象十分严重，为此统一规定了坡面防护工程检测报告的基本要求。